삶을 가꾸는
기독교대안교육
이야기

이경철 지음

선생님은 왜 블로그를 하려고 하세요?

급하고 강한 바람처럼

 정신없이 여기까지 온 것 같다. 서정주 시인의 자화상에 나오는 한 구절처럼 볕이거나 그늘이거나 혓바닥 늘어뜨린 병든 수캐마냥 헐떡거리며 온 것 같다. 그러다 어느 순간 나는 여기에서 뭘 하고 있는 걸까 하는 생각에 한 것이 없는 것 같아 허무를 느낀 적도 있었다. 하지만 이걸 인정하는 순간 동료 선생님, 아이들과 함께 한 시간을 부정하는 셈이 되는 것은 아닌가?...... 안 되겠다 싶었다. 그러기에는 내가 겪은 경험이 너무 아깝다는 생각이 들었다. 의미 부여와 이벤트적인 삶! 그것이 쳇바퀴 돌 듯하는 일상에서 느끼는 허무를 극복하는 것이라 대학교 때 심리학 시간에 배웠었다. 그래서 내 대안학교에서의 삶의 흔적을 남겨야겠다 생각했고 그 기록 수단으로 블로그가 떠올랐다.

 그리고 나는 국어를 가르치고 있으니 국어 능력의 신장을 위해 내가 블로그를 열심히 꾸미면서 아이들에게 블로그를 활용한 수업을 지도할 계획이다. 잠시 써 봤는데 글 다 쓰고 올리기 전 맞춤법 검사하니까 내가 틀린 글도 확인할 수 있고 아주 좋다.

 또 다른 이유는……. 여기에서 시행착오를 정말 많이 겪고 많이 배우고 있다. 처음 대안학교에 왔을 때는 거의 맨땅에 헤딩이었다. 하지만 조금씩 체계를 잡아가고 있다. 누군가의 발자취를 보았다면 덜 헤맸을 텐데 하는 아쉬움에 대안학교를 꿈꾸는 후배 교사들이 내 글을 보고 조금이라도 용기를 얻고 이 길을 선택하는 데 도움이 되면 좋겠다. 또한 대안교육에 관심이 있는 학부모님들에게 대안교육을 소개하는 통로가 되고 싶은 소망이 있다. 그래서 훗날 이 이야기가 책으로 출판이 되면 좋겠다.

 무엇보다 함께 한 아름다운 순간들을 기억하고 싶다. 대안학교 와서 일기를 4년 정도 썼는데 내가 내 글을 보고 감동받은 적도 있다. 순수하고 열정적이었던 첫 마음을 잃고 싶지 않다.

목차

1장. 교사로 산다는 것: 대안교육의 현장

1. 나의 교사론 _010
2. 국어 수업 _011
3. 교과를 기독교적을 가르친다는 것은? _020
4. 왜 기독교대안교육이 필요한가? _026
5. 교사 나이 _032
6. 선생님의 제자여서 행복해요 _035
7. 이봄학교 방문 _037
8. 입학설명회 학부모 간증문 _042
9. 기독교사의 출퇴근 성경 읽기 _048
10. 그리운 정기원 교장선생님 _052

2장. 삶을 가꾸는 글쓰기

1. 기독대안학교 신규 교사 직무 연수 : 삶을 가꾸는 글쓰기 수업 _056
2. 책과 이사 _063
3. 글쓰기 수업의 매력 (새얼백일장 표 공모 시) _066
4. 삶이 담긴 글 쓰기 _069
5. 선택수업 글쓰기 '싱글벙글' _071
6. 글쓰기 교정 전문가 이경철 _073
7. 커피 늘보에서 _074
8. 글을 쓰면서 _076

3장. 다시 초심으로

1. 초보 _080
2. 벤치 _082
3. 자네가 사기칠 사람인가? _083
4. ppt 독서 수업 (부제: 틀리지 않았다) _086
5. 눈물의 졸업식 _092
6. 더치커피 33병 _096
7. 더치커피 2.0 _097
8. 스승의 날 롤링페이퍼 _099
9. 팔씨름 _111
10. 더치커피 배달 _112
11. 가족 독후감 대회 장려상 입상 _116
12. 나무는 나이가 들수록 잎이 무성해진다 _122

4장. 하루하루의 기적

1. 기독교대안학교의 열매 _128
2. 생의 찬란한 환의 _131
3. 뇌종양 4기 _132
4. 드디어 소변을 서서 볼 수 있게 됐구나 _134
5. 아빠 노릇 _135
6. 머리 빠짐 _136
7. 딸의 편지 _138
8. 고마우신 우리 어머님들(아내의 단톡방 이름입니다) _141
9. 뇌에 색칠된 단상들 1 _143
10. 뇌에 색칠된 단상들 2 _145
11. MRI는 깨끗합니다 _147
12. 2차(06.03~06.07) 항암 후기 _149
13. 감사 _152
14. 감사 2 _156
15. 십자가 고난 _159
16. 사랑한다는 말 … _161
17. 인생은 뭘까 _165

5장. 자각몽

1. 자각몽 _170
2. 폐지 줍는 어르신 _171
3. 걷는 게 뛰는 것보다 더 빠른 사람 _174
4. 부모님의 세례식 _177
5. 마지막 항암 _180
6. 유레카(발가락의 비밀) _183
7. 드디어 뛴다! _186
8. 14년 만의 재회 _188
9. 10개월 만 _190
10. 점검 _193
11. 평행봉 _197
12. 동지를 만난 것처럼 _199
13. 힘 빼세요 _201
14. 퇴원 그리고 새로운 시작 1 _203
15. 퇴원 그리고 새로운 시작 2 _205

1장. 교사로 산다는 것
: 대안교육의 현장

나의 교사론

 2019 학년도를 준비하면서 나는 어떤 교사가 될 것인가를 다시 한번 점검해 봤다. 2014년도에 작성한 적이 있어서 외장하드를 뒤졌는데 다행히 파일을 찾을 수 있었다. 파일을 열고 보았을 때 내가 쓴 글이지만 깜짝 놀랐다. 내가 쓴 대로 살려고 노력하고 있고 지금 그렇게 행하고 있는 것들이 많기 때문이다. 더 크로스의 'Don't cry' 노래 가사 '세월 지나도 난 변하지 않아'처럼 변함없이 이 길을 가고 있는 것에 나 스스로가 감동받았다. 하나님께 정말 감사했다. 하나님의 인도하심을 느꼈다. 물론 흔들릴 때도 있었지만 흔들리지 않고 피는 꽃이 어디 있으며 젖지 않고 가는 삶이 어디 있겠는가?

흔들리며 피는 꽃

- 도종환

흔들리지 않고 피는 꽃이 어디 있으랴
이 세상 그 어떤 아름다운 꽃들도
다 흔들리며 피었나니
흔들리면서 줄기를 곧게 세웠나니
흔들리지 않고 가는 사랑 어디 있으랴

젖지 않고 피는 꽃이 어디 있으랴
이 세상 그 어떤 빛나는 꽃들도
다 젖으며 젖으며 피었나니
바람과 비에 젖으며 꽃잎 따뜻하게 피웠나니
젖지 않고 가는 삶이 어디 있으랴

교사를 꿈꾸는 분이나 현장 경험이 부족한 초보 교사, 혹은 경험이 풍부한 베테랑 교사일지라도 아래와 같은 물음에 시간을 내어 답해 본다면 교사로서의 정체성을 확립하는 데 아주 좋은 계기가 될 것 같다. 나도 확고한 철학 없이 오랫동안 헤매다가 대안교육 현장에 있으면서 이제서야 몇 자라도 적을 수 있게 됐다. 이런 고민을 하는 과정이 많으면 많을수록 더 좋은 교사에 가까워질 수 있을 거라 생각한다.

나의 교사론 – 어떤 교사가 될 것인가?

1. 나를 향한 하나님의 부르심은 무엇인가?

  교육의 주권이 하나님께 있고 하나님이 원하시는 내용을 하나님이 원하시는 방법으로 가르칠 수 있는 기독 교사

2. 교사로의 선택은 부르심에 대한 나의 온전한 반응인가?

  자격 없는 나를 불러 교사로 세워주셨기에 실수하고 부족하더라도 완전함을 향해 나아갑니다.

3. 내가 생각하고 꿈꾸는 교사는

  1) 학생들의 삶의 변화를 꾀할 수 있는 기독 교사이다.
  2) 학생들에게 비전과 왜(why)를 끄집어 낼 수 있는 기독 교사이다.
  3) 스스로 노력하는 기독 교사이다.
  4) 예수님을 닮은 기독 교사이다.
  5) 학생들이 자기주도학습 능력을 배양할 수 있도록 도와줄 수 있는 기독 교사이다.
  6) 동료 교사와 함께 즐겁게 일하고 협력할 수 있는 기독 교사이다.
  7) 동료 교사가 힘들 때 위로하고 세워줄 수 있는 기독 교사이다.
  8) 학생들이 국어를 좋아하게 만들 수 있는 기독 국어 교사이다.
  9) 국어 교과의 전문성을 갖고 수업에 임하는 기독 교사이다.
  10) 후배 교사에게 나의 전문성을 아낌없이 전수하고 유통할 수

있는 기독 교사이다.
11) 건강과 성실로 수업의 결손이 없게 하는 기독 교사이다.
12) 주 교과 외 또 다른 달란트를 계발하여 학교를 도울 수 있는 기독 교사이다.

4. 교사로서 내가 준비해온 것과 앞으로 해야 할 것들
 1) 준비해 온 것
 (1) 대학에서 교육학, 국어국문학을 복수 전공했다.
 (2) 학습지 방문 교사, 학원(보습, 입시) 강사, 고등학교 정교사및 고등학교 기간제 교사, 과외 교사, 기독교대안학교 정교사 등 다양한 경험을 축적하고 있다.
 (3) 심리상담사, 미술심리를 공부했다.
 (4) 기회 있을 때마다 기독교대안교육 관련 서적 읽기 및 세미나, 워크숍에 참석해서 배우려고 노력한다.
 2) 앞으로 해야 할 것들
 (1) 영성 측면매년 성경 일독하기, 묵상하기, 기도하기
 (2) 업무 측면컴퓨터 활용 능력 키우기, 상담 능력 키우기
 (3) 교과 측면수능 기출문제 꿰차기, 나만의 교재 만들기
 ※ 교사로서 가장 중요한 것은 마음가짐(마인드)이다.

5. 나의 교사 십계명과 교육 신조를 만들어 보자.
 1) 수업 시간에 늦지 말라.

2) 네가 무엇을 가르쳤는지가 아니라 학생들이 무엇을 배웠는지를 점검하라.
3) 아이들과 깊이 있는 대화를 하라.
4) 진로 지도에 힘써라.
5) 청출어람 할 수 있도록 가르쳐라.
6) 무명의 교사로 이름 없이 섬겨라.
7) 사랑하는 것은 사랑을 받느니보다 행복하나니라.
8) 국어과의 절대 실력을 갖추어라.
9) 유머를 잃지 말라.
10) 물러날 때를 분별하라.

교육 신조 : 사람을 변화시킬 수 있는 건 교육과 신앙이다.
교육은 신앙과 같은 힘이 있다.

국어 수업

 학교는 방학 때 집중적으로 회의를 한다. 많이 고민하는 만큼 다음 학기가 더 잘 준비되기 때문이다. 특히 교사워크숍 때는 전체 교사가 모여 한 학기를 돌아보고 서로가 피드백을 하며 다음 학기의 수업 방향을 나눈다. 그래서 방학 때마다 자리를 마련한다. 교사워크숍을 준비하면서 평상시 고민했던 내용들을 정리해 봤다.

 〈핫시팅 기법 적용하여 수업하기〉

1. 기독교대안학교다운 국어 수업이란 무엇일까?
2. 타 학교와 다른 푸른꿈만의 국어 수업은 무엇일까?
3. 타 교사와 다른 이경철만의 국어 수업은 무엇이 있을까?
4. 어떻게 해야 기독교세계관을 교육과정 속에 녹여서 가르칠 수 있을까?
5. 어떻게 해야 하나님께서 원하시는 교육을 하나님께서 원하시는 방법으로 할 수 있을까?
6. 좀 더 활동적인 수업, 살아 있는 수업, 교사의 가르침보다도 아이들의 배움이 일어나는 수업, 재미와 의미가 함께 가는 수업을 하고 싶다. 수업 내용에 가장 적합한 수업 방식을 택하여 보자.
7. 올 한 해는 연구하는 해로 삼자.

 이런 고민을 하는 가운데 미래엔 출판사에서 나온 '거꾸로교실 수업 자료집 - 국어'를 알게 됐다. 책 제목부터 '배움을 주도하는 학생, 격려하고 지지하는 교사가 만드는 수업 풍경'이라고 쓰여 있었다. 내가 고민하는 방향과 딱 맞는 책이 아닌가! 읽으면서 내 수업에 적용할 수 있는 것들을 찾아 봤다.

 겨울 학기 시작 후 드디어 기회가 왔다. 때는 바야흐로 2018년 2월 2일, 송강호 주연의 '택시운전사'라는 영화를 본 후였다. 기존의 나였다면 감상문 쓰고 소감 나누기 정도로 끝났을 텐데 이번에는 거꾸로교실 자료집에 나온 핫시팅 기법을 적용해 봤다. 핫시팅 기법은 한 사람이 작품 속 인물이 되었다는 가정 하에 의자에 앉아 있으면 나머지 사람들이 그 인물에 대해 궁금한 것을 묻고, 의자에 앉은 학생은 그 인물의 입장에서 질문에 답하는 인터뷰 형식의 기법이다.

  아이들에게 자기가 하고 싶은 인물을 2명씩 선택하게 한 후 질문을 만들어 보고 예상되는 질문에 대한 답을 생각할 시간을 주었다. 아이들은 택시운전사 만섭(송강호)이 되어 보기도 하고, 독일 기자 피터(토마스 크레취만)가 되어 보기도 하고, 대학생 재식(류준열)이 되어 보기도 하고, 황 기사(유해진)가 되어 보기도 하고, 집 주인, 딸, 탄압하는 형사, 군인 아저씨 기타 다른 인물이 되어 보기도 했다. 한 사람씩 앞에 나와서 얘기할 때 신기하게도 아이들은 영화 속 인물이 되어 그 사람의 입장에서 생각하고 대답을 했다. 어찌나 기특하던지 우스갯소리로 "이건 거의 빙의 아니야?"라고 했던 게 생각난다.^^ 아이들의 반응이 좋았고 작품의 내면화가 잘 된 것 같아 뿌듯했다. 작품 따로 삶 따로면 별로 남는 게 없을 텐데 의미화가 잘 되어 오랫동안 기억에 남을 것 같다.

  이제는 어느 정도 내공이 쌓이다 보니 어떻게 가르쳐야 할지 알 것 같다. 내용에 가장 적합한 방법을 찾아내어 좋은 수업을 하고 싶다. 아이들을 주체화해서 수업에 능동적으로 참여시키고 싶다. 최대한 강의식 수업을 벗어나고 싶다. 아이들에게 자꾸자꾸 질문을 활용하여 생각하게 하고 싶다.

이런 수업의 일환으로 요즘 블로그를 활용한 수업을 계획하고 있다. 블로그 활동을 해 보니 여러모로 유익한 점이 많은 것 같다. 첫째로 한 편의 글을 쓰기 위해서는 그 주제에 대해 깊이 생각해 보게 되는데 깊이 생각하고 여러 번 고치는 작업을 통해 나 스스로가 가치관이 정립되어 가는 걸 느낀다. 제자리에 맴돌고 흐릿했던 생각이 글로 표현하는 과정에서 좀 더 명확해지는 것 같다. 아이들이 글을 쓰기 위해 생각을 많이 하다 보면 지성의 근육이 길러지고 자신의 일상을 좀 더 의미 있게 바라보지 않을까? 또한 자기 생각을 자신의 의도에 맞게 분명하게 표현하는 능력이 향상될 것 같다. 둘째로 나 같은 경우는 다 쓰고 올리기 전에 마지막으로 하는 작업이 맞춤법 검사인데 국어 교사인 나조차도 틀리는 게 있다. 아이들이 이 기능을 활용한다면 실제 현장에서의 살아있는 문법 교육이 자동적으로 될 것 같다. 셋째로 글쓰기를 종이에 한다고 하면 벌써부터 지치고 하기 싫어하는 눈치를 보이는데 컴퓨터를 활용해 쓰면 이 부담을 조금은 덜 수 있을 것 같다. 자신의 생각을 즉각적으로 쓰고 쉽게 지울 수 있다는 점에서 인터넷 글쓰기는 디지털 시대에 참 적합한 쓰기 방식이라 생각한다. 디지털 기반에 아이들의 아날로그적인 감성이 묻어난 글이 벌써부터 기대된다.^^ 아이들은 눈치 채지 못하겠지만 아이들의 글 자체가 이미 디지털과 아날로그를 융합한 '디지로그'가 될 것이다.

 아직 시작이라 아이들의 블로그 글쓰기가 어떤 효과를 가져올지 모르겠다. 내가 생각하고 의도하는 만큼의 결실을 아이들이 맺을지······

일단은 수행평가라고 해서 의무적으로 참여시키겠지만 나와의 수업이 끝남과 동시에 아이들의 블로그도 끝이 날지, 아니면 이 수행평가가 끝나도 계속 블로그에 글을 쓰는 아이가 있을지…… 어찌 됐든 아이들이 글쓰기에 좀 더 쉽게 접근해서 한 편의 글을 완성했을 때의 뿌듯함이나 나도 글을 쓸 수 있다는 자신감을 느껴봤으면 좋겠다. 블로그가 아이들을 이해하고 아이들과 소통하는 또 하나의 창구가 됐으면 좋겠다.

교과를 기독교적으로 가르친다는 것은?

교과를 기독교적으로 가르친다는 것은 무슨 의미일까?

기독교적인 관점에서의 수업은 어떻게 하는 것일까?

기독교대안학교 교사로 부르심을 받고 이 길에 뛰어들었을 때 자주 접한 질문이자 선뜻 답하기 힘든 질문이다. 당시 뭔지도 모르면서 나름 답을 찾으려고 애썼던 기억이 난다. 가끔은 깜박하며 지내다가도 어느 순간 불현듯 의문을 갖게 해 내 수업에 고민을 해 보게 만드는 질문이기도 하다. 시간이 흐르면서 아직도 계속 고민하며 답을 찾아가고 있다. 기독교대안교육에 몸담고 있은 지 올해로 거의 9년이 되어가고 있는데 이 질문에 대한 한 번의 진지한 점검은 필요하다 싶어 시간을 들여 나름의 생각을 정리해 봤다. 정답이라기보다는 나만의 대답에 가까운 것이리라.

〈교과를 기독교적으로 가르친다는 것은?〉

  교과를 기독교적으로 가르친다는 것은 "이것은 이것이다."라고 단순하게 말할 수 있는 성질의 것이 아니라는 생각이 든다. 기독교대안교육 현장에 있는 기독교사나 공립에 있으면서 기독교육을 펼치려고 노력하는 교사 및 기타 어느 누구도 쉽게 답할 수 없는 질문일 것이다. 그만큼 복잡하고 다면성을 내포하고 있는 질문 같다.

  그럼에도 단순하게 정의를 해 본다면 기독교적으로 가르친다는 것은 '예수님 가르침 그대로' 가르친다는 것이고 예수님 가르침 그대로 가르친다는 것은 '성경 말씀대로' 가르친다는 뜻이며 성경 말씀의 핵심은 '하나님은 사랑'이므로 '십자가 지신 그 사랑으로' 가르치는 것이라고 할 수 있을 것 같다.

그런 의미에서 교과를 기독교적으로 가르친다는 것은 단순히 방법상의 문제라기보다는 좀 더 본질상의 문제인 것 같다. 일단 방법적으로는 성령의 9가지 열매에 빗대어 볼 수 있다는 생각이 든다. 사랑, 희락, 화평, 오래 참음, 자비, 양선, 충성, 온유, 절제가 성령의 9가지 열매인데 각각의 맛이 나는 9가지의 개별적인 다른 과일이 아니라 9가지의 맛이 한 과일에 다 담겨 있는 하나의 융합체와 같은 것이 아닐까 생각한다. 마찬가지로 '교과를 기독교적으로 가르치는 것은 이렇게 하는 것이다, 기독교적인 관점에서의 수업은 이렇게 하는 것이다'라고 하나로 단정 지을 수는 없다. 다양한 방법을 통해 교육의 주권이 하나님께 있고 하나님께서 원하시는 교육을 하나님께서 원하시는 방법으로 이루어 내는 것이다. 내 교과에서 그런 방법들을 구체적으로 그려 본다면 수업 전 기도하고 시작하기, 교과 내용 및 상황과 연관된 묵상 나눔 하기, 말씀 적용하기, 예수님이라면 어떻게 하셨을까 학생들과 같이 고민해 보기, 하브루타 적용하기, 디베이트 활용하기, 학생들에게 최대한 발언 기회를 많이 주어 주체화 시키기, 학생의 말에 귀기울이기, 삶의 힘을 기르는 글쓰기 등을 적용해 볼 수 있을 것 같다.

같은 내용이라도 관점의 차이가 다른 결과를 가져오듯 궁극적으로는 내 교과에서 기독교세계관을 녹여 내고 세상적인 관점을 기독교적인 관점으로 승화하여 아이들과 소통하고 아이들의 내면의 변화를 꾀

하는 것이 내 교과를 기독교적으로 가르치는 것이라 생각한다. 그리고 이것을 가능하게 하는 가장 중요한 요소는 내가 먼저 예수님의 제자가 되고 아이들에게 본을 보이는 삶을 사는 것이라 생각한다. 진리를 삶에 녹이면 나는 보이지 않는다. 이 경지까지 간다면 내 교과에서 나는 사라지고 예수님만 남게 될 것이다.

이런 면에서 교과를 기독교적으로 가르친다는 것은 방법상의 문제를 넘어 내용상의 문제이다. 고로 기독교적인 관점에서의 수업은 '어떻게' 하는 것일까라는 질문은 수정되어야 할 것으로 보인다. '어떻게'에는 응답자가 방법만을 생각하게 생각을 국한시키기 때문이다. 요한복음 18장 38절에서 빌라도가 예수님께 진리가 무엇이냐(what is truth?)라고 묻는데 이 질문은 응답자가 진리에 대해 고민하게 만드는 한편으로 응답자의 생각을 '무엇'이라는 감옥에 가둔다. 예수님이 진리이며 예수님은 '무엇'이 아닌 '인격체'이기 때문에 이 질문을 '진리가 누구냐(who is truth?)'로 바꾼다면 사람들은 '무엇' 대신에 '누구'를 생각했을 것과 같은 이치이다. 이런 탓으로 돌린다면 과장일까? 나도 초창기에는 기독교적으로 가르치는 '방법'에 치중했음을 부인하지 않을 수 없다. 하지만 시간이 흐르고 계속 고민하다 보니 방법이 중요한 것이 아니요 방법을 넘어서는 내용이 있음을 깨달았다. 그렇다고 내용을 강조해 방법을 무시할 수는 없고 내용과 형식의 조화가 필요한 것 같다. 적어도 빛 좋은 개살구는 되지 않았으면 좋겠다.

앞으로 10년 후, 20년 후 지금보다 내공이 더 깊어진다면 나는 어떤 답을 내놓을 수 있을까? 그때가 되어 지금을 돌아본다면 지금의 답이 그때까지도 유효할까, 못할까? 지금의 글이 훗날 내 교과를 기독교적으로 가르친다는 것에 대한 평가의 지표가 될 것이라는 생각이 든다. 글대로 살았다면 내가 바른 방향으로 갔다는 것을 방증(傍證)할 것이고 그때 지금의 글이 많이 부족하다 생각된다면 그것 또한 나의 성장을 의미할 것이기에.

생각을 정리하고 보니 내가 기독교 교육에 한 걸음 더 가까이 간 것 같은 기분이 든다. "네가 하나님의 교육에서 멀지 않도다" 하는 칭찬이 들리는 듯하다.

32. 서기관이 이르되 선생님이여 옳소이다 하나님은 한 분이시요 그 외에 다른 이가 없다 하신 말씀이 참이니이다
33. 또 마음을 다하고 지혜를 다하고 힘을 다하여 하나님을 사랑하는 것과 또 이웃을 자기 자신과 같이 사랑하는 것이 전체로 드리는 모든 번제물과 기타 제물보다 나으니이다
34. 예수께서 그가 지혜 있게 대답함을 보시고 이르시되 네가 하나님의 나라에서 멀지 않도다하시니 그 후에 감히 묻는 자가 없더라
(마가복음 12장 28-34절)

왜 기독교대안교육이 필요한가?

2차 입학설명회를 준비하면서 학교의 철학, 교육 이념, 교육과정 및 기타 이모저모를 설명하는 것도 좋지만 무엇보다 먼저 기독교대안교육이 왜 필요한지 그 필요성을 설명하는 것이 중요하다는 생각이 들어 정리해 봤다.

나는 우리가 하는 교육적 행위에 꼭 근거 말씀이 있으면 좋겠다는 생각을 많이 한다. 그래야 우리가 말씀에 중심을 두고, 각기 자기의 소견에 옳은 대로 행하지 않을 수 있기 때문이다. 하나님께서 원하시는 교육을 하나님께서 원하시는 내용과 방법으로 이루어 드리기 위해서는 꼭 근거가 되는 말씀이 필요한 것이라 생각한다. 물론 모든 교육적 행위에 근거 말씀을 다 찾을 수는 없겠지만 하나씩 하나씩 찾아가다 보면 우리의 교육적 행위가 좀 더 분명해질 것이다. 또한 우리 자신에게도 그래서 우리가 이런 교육을 한다는 확신을 갖게 되리라 생각한다. 왜냐면 근거가 사람의 말이 아닌 하나님의 말씀이기 때문이다. 우리의 생각과 의도에 하나님께서 친히 말씀으로 근거를 대시며 변론해 주시기 때문이다. 하나님께서 변론해 주시는데 어찌 누가 감히 항변할 수 있겠는가? 기독교대안교육이 왜 필요한가에 대한 근거 말씀으로 나는 민수기 25장 1절에서 13절 말씀을 들고 싶다.

1. 이스라엘이 싯딤에 머물러 있더니 그 백성이 모압 여자들과 음행하기를 시작하니라
2. 그 여자들이 자기 신들에게 제사할 때에 이스라엘 백성을 청하매 백성이 먹고 그들의 신들에게 절하므로
3. 이스라엘이 바알브올에게 가담한지라 여호와께서 이스라엘에게 진노하시니라
4. 여호와께서 모세에게 이르시되 백성의 수령들을 잡아 태양을 향하여 여호와 앞에 목매어 달라 그리하면 여호와의 진노가 이스라엘에게서 떠나리라

5. 모세가 이스라엘 재판관들에게 이르되 너희는 각각 바알브올에게 가담한 사람들을 죽이라 하니라

6. 이스라엘 자손의 온 회중이 회막 문에서 울 때에 이스라엘 자손 한 사람이 모세와 온 회중의 눈앞에 미디안의 한 여인을 데리고 그의 형제에게로 온지라

7. 제사장 아론의 손자 엘르아살의 아들 비느하스가 보고 회중 가운데에서 일어나 손에 창을 들고

8. 그 이스라엘 남자를 따라 그의 막사에 들어가 이스라엘 남자와 그 여인의 배를 꿰뚫어서 두 사람을 죽이니 염병이 이스라엘 자손에게서 그쳤더라

9. 그 염병으로 죽은 자가 이만 사천 명이었더라

10. 여호와께서 모세에게 말씀하여 이르시되

11. 제사장 아론의 손자 엘르아살의 아들 비느하스가 내 질투심으로 질투하여 이스라엘 자손 중에서 내 노를 돌이켜서 내 질투심으로 그들을 소멸하지 않게 하였도다

12. 그러므로 말하라 내가 그에게 내 평화의 언약을 주리니

13. 그와 그의 후손에게 영원한 제사장 직분의 언약이라 그가 그의 하나님을 위하여 질투하여 이스라엘 자손을 속죄하였음이니라

(민수기 25:1~13)

이 말씀을 받게 된 계기는 다음과 같다.

이번 입학설명회는 1차 입학설명회와 똑같이 할 수도 있었지만 그래

도 뭔가 변화를 주어 최선을 다해 준비하고 싶었다. 하지만 시간이 부족했다. 그래서 금요예배를 빠지고 그 시간까지도 준비할까 고민했지만 갑자기 담임 목사님의 말씀이 생각났다.

"신년 예배 끝나면 몸살 납니다. 저라고 쉽겠습니까? 그런데도 제가 왜 하겠습니까? 제가 하나님을 알기 때문이죠. 하나님은 저의 중심을 아시기 때문에, 이렇게 제가 예배드리면 기뻐하신다는 것을 알기 때문이죠."

그렇다. 하나님께서는 금요예배 빠지고 입학설명회 준비하는 것보다 준비가 좀 부족하지만 금요예배 나오는 것을 더 기뻐하실 것이다. 그럼 나는 어떻게 해야 할까? 고민도 잠시, 예배드리는 시간만큼 잠을 좀 줄이고 좀 더 고생하면 된다는 각오가 서고 바로 결단을 내렸다. 더불어 내 생각을 뛰어넘으시는 하나님께서 분명히 지혜를 주실 것이라는 확신이 들어 교회에 갔다. 그래서 예배를 드리는 중 받은 말씀이다. 그렇기 때문에 이 말씀은 전적으로 하나님께서 주신 말씀이라 생각한다. 만일 교회에 안 갔으면 이런 생각 자체를 못했을 것이다. 그러면 아마도 여전히 두루뭉술하게 기독교대안교육의 필요성에 대해 자기 정립도 안 된 채 계속 맴도는 상태로 남았을 것 같다. 서론이 길었다. 이제 정말 기독교대안교육이 왜 필요한지 내 생각을 말해 보려고 한다.

들어 주면 병들지 않는데 안 들어 주면 마음이 곪아 병이 생긴다. 내 경험상 힘든 일이 있을 때 누군가 내 얘기를 들어주면 그 사람이 그렇게 고마울 수가 없었다. 잠이 안 올 정도로 스트레스가 쌓여 다음 날 생활에 지장을 줄 정도로 힘들었던 것이 누군가 들어주면 어느 정도 풀리는 것이다. 여기서 더 나아가 누군가 나와 같은 입장에서 나보다 더 나를 변호해 주면 내 마음이 그렇게 시원할 수가 없다. 그 사람은 답답한 내 마음을 정말 시원하게 해 주는 사람인 것이다.

마찬가지로 민수기 25:1~13 말씀에서 비느하스가 하나님의 마음을 시원하게 해드렸다. 이스라엘 한 사람이 미디안 여인과 음행을 저질렀다. 염병으로 죽은 자가 24,000명인데 회개하지 않고 정신 못 차리고…… 그래서 비느하스가 음행한 이들을 창으로 찔러 죽인 것이다. 비느하스의 마음에는 하나님의 분노, 의분이 있었다. 하나님의 마음을 헤아린 것이다. 비느하스의 질투심은 개인적인 질투심이 아니요 하나님을 위하여 하나님의 질투심으로 질투한 것이다. 하나님의 기쁨이 비느하스의 기쁨이 되고, 하나님의 아픔이 비느하스의 아픔이 된 것이다. 하나님의 노를 대신 풀어드렸기 때문에 하나님은 마음을 푸신다. 그래서 하나님은 노를 돌이켜 이스라엘 민족을 소멸하지 않으시고 속죄하신다. 그리고 비느하스는 그와 그의 후손에게 영원한 제사장 직분의 언약인 평화의 언약을 받는다.

하나님께서 교육에 애통해 하는 마음이 음행한 이스라엘 민족을 보는 마음과 같다는 생각이 들었다. 그렇다면 우리가 비느하스처럼 하나님의 이런 애통해 하는 마음을 풀어드려야 하는 것 아닐까? 대안교육의 정의(定義, definition)를 말할 때 어떤 분들은 '대안교육'이 아니라 '원안교육'이라고 하자는 주장이 있다. 대안은 원안의 대안인 것인데 지금의 공교육은 많이 병들어 있어 원안이 아니라고 보는 것이다. 오히려 기독교교육이 입시 위주의 교육에서 벗어나 교육의 본질을 추구하는 원안교육이기 때문이다. 하나님께서 원하시는 원래의 교육을 회복하기 위해서, 하나님의 마음을 시원하게 해 드리는 교육을 위해서 기독교대안교육이 필요하다는 생각이 들었다.

글을 쓰는 중에 기독교대안교육이 왜 필요한지 이유가 계속 생각났다. 이건 수많은 이유 중 하나에 불과하다는 것을 깨달았다. 그만큼 기독교대안교육의 필요성은 절대적이다. 기독교대안교육의 필요성에 대한 다른 이유들은 좀 더 시간을 들여 나중에 하나씩 정리해 보고 싶다.

교사 나이

올해 내 나이 마흔 하고도 하나. 내 나이를 점검해 본다.

보통 나이를 얘기할 때 공자 나이를 많이들 언급한다. 15세에 학문에 뜻을 두고(지학) 30세에 자립을 하고(이립), 40세에 미혹되지 않았고(불혹), 50세에 하늘의 명을 알고(지천명)과 60세에 귀가 순해지고(이순), 70세에 하고 싶은 대로 해도 법도에 어긋나지 않았다(종심). 내가 주목할 나이는 40이다. 나도 만으로 따지면 올해가 딱 40인데 미혹은 커녕 세상 유혹에 쉽게 흔들리는 나 자신을 본다. 이를 생각할 때 공자가 이룬 성취는 참으로 대단하다는 생각이 든다. 특히 70세의 경지는 '자유인'이라 부를 수 있을 것 같다. 하고 싶은 대로 해도 법도에 어긋나지 않는다는 말을 처음 접했을 때부터 참 멋지게 들렸다. 하지만 나같이 평범하고 인격이 미숙한 사람에게는 가늠할 수조차 없는 단계이다. 한편으로 예수님은 이 땅에 사실 때 모든 것을 하나님 아버지의 뜻대로 사셨기 때문에 공자 나이 70세의 경지를 이미 30대에 이루셨다고 생각한다. 예수님이 더 멋지다.

 공자 나이에 내 삶을 대입해 보면 나는 겨우 15세 지학에 머무르고 있는 듯하다. 군대에 가서야 나의 미래를 생각하면서 교사가 되기 위한 뜻을 두었고, 자녀를 낳고 키우면서 부모로서의 뜻을 두었고, 기독교대안교육을 알게 되면서 기독교사로서의 뜻을 두었다. 공자의 나이에 대한 명명이 단계별로 순차적인 발달 과정이라고 한다면 지학에 머무르고 있는 현재의 단계에서 불혹이나 지천명, 이순, 종심은 나에게 너무 먼 것 같다. 내가 70세가 되었을 때 과연 하고 싶은 대로 해도 법도에 어긋나지 않을 수 있을까? 단언컨대 불가능하다. 그만큼 자신이 없다. 그래서 생각해 본다. 공자처럼 살 수 없는 것이 우리네 인생이고 또한 모두가 공자가 될 필요는 없다. 다만 푯대를 향해 달려가듯 닮아 가려 노력하는 과정 속에 있다. 그리고 닮아 간다면 예수님을 더 닮고 싶다.

 아무튼...... 지금까지 살면서 어떤 흔적을 남겨 왔는가 생각해 본다. 나이에 맞게 살아왔는지, 이웃에게 덕이 되는 인생을 살아왔는지, 남편으로서, 아이들의 아버지로서, 부모님의 아들로서, 형의 동생으로서 내 역할을 잘해 왔는지, 주위에 사랑을 실천하며 살아왔는지...... 이런 생각들을 할 때 이제서야 좀 철이 드는 듯한 느낌이다. 교사로서의 삶도 마찬가지이다. 내가 얼마나 미숙했는지 그때는 몰랐지만 지금 돌아보면 허점투성이에 부족한 게 참 많다. 그래서 교사 나이를 생각하지 않을 수 없다. 실제 나이와 독서 나이가 다르듯 실제 나이와 교사 나이가 다르다. 실제 나이는 41살이지만 교사 나이는 16살이다. 2005년 대학교를 졸업하고 그 해부터 교사랍시고 아이들을 가르쳤다. 만으로 15년 약간 넘었기 때문에 좀 더 정확히 따진다면 교사로서 나는 이제 겨우 중2인 것이다. 그 어렵다는 중2, 북한이 우리나라를 침범하지 못하는 이유인 중2, 사춘기의 절정인 중2...... 교사 초창기 때는 그래도 내가 교육학과 국어국문학을 전공했는데, 내가 대학교에서 몇 년 동안 전문적인 교육을 받았는데...... 이런 생각과 말을 하며 나의 부족함을 인지하지 못했었다. 그만큼 무지했었다. 아! 지금 알고 있는 걸 그때도 알았더라면! 경력이 15년이 넘는 지금에서야 이제 조금씩 보인다. 대학교 갓 졸업해서 교편을 잡았을 때는 풋내나는 아기에 불과했었다. 2011년 대안학교를 처음 접했을 때는 마냥 놀기 좋아하고 자기중심적인 6살 된 어린이였다. 그때도 경력 6년이나 된다며 스스로를 전문가라 착각할 때가 많았다. 올해로 교사 경력 16년째인 지금, 대안학교에서 10년째 근무했던 지금은 미숙했던 초창기와 다르게 이렇게 말하고 싶다.

"이제 겨우 15년 조금 지났습니다."

선생님의 제자여서 행복해요

이제 2021년이다. 집에서 비대면으로 송구영신예배를 드리는 중 갑자기 한 학생으로부터 카톡이 왔다. 우리 반 학생도 아니고 내가 국어 수업 들어가는 반 중 한 명이다. 읽는데 나도 모르게 그냥 눈물이 나왔다. 나를 이렇게까지 생각해 주는 게 너무 고마워서 감동받았다. 교사 초임 시절을 생각할 때마다 내가 얼마나 부족한 사람이었는지 부끄러움이 앞선다. 그래서 해가 거듭할수록 적어도 욕먹는 교사는 되지 말아야지 다짐하고 또 다짐한다. 욕심을 부리자면 수많은 선생님 중에서 그래도 기억에 남는 선생님이 되고 싶다는 소망은 있다. 하지만 그건 어디까지나 내가 할 수 없는 일이고 그저 최선을 다할 뿐이다. 새해 첫 문자의 주인공이 된 기념으로 메가커피 딸기우유라떼 음료 쿠폰을 하나 선물해 줬다.

선생님의 제자여서 행복해요...... 아래 내가 쓴 글처럼 내 이름 자체보다도 누군가의 선생님으로 기억되는 기쁨을 연초부터 누린다.

이봄학교 방문

잠시 짬을 내 곧 개교를 앞두고 있는 이봄학교 선생님들을 보고 왔다. 이봄학교는 리모델링이 한창이었다. 선생님들도 손수 벽의 이물질을 떼고 있었다. 함께 차 한 잔 마실 여유도 없이 서서 잠시 얘기하고 더치커피 6병을 드리고 왔다. 부재 중이셨던 한 선생님은 밖에서 돌아오자마자 나 왔다는 얘기를 듣고 전화했다. 마침 자동차 시동을 켜고 떠나기 전이어서 코너를 돌고 잠시 멈춰 인사 나눌 수 있었다.

　내겐 너무 그리운 선생님들, 푸른꿈비전스쿨에서 몇 년을 동고동락하며 동역했다. 몇 번 퇴직하고 싶을 정도로 그만두고 싶을 때도 있었지만 그때마다 선생님들이 있었기에 버틸 수 있었다. 이제는 근무지가 달라져 같은 학교 교사라는 이름으로 모일 수 없지만 기독교대안교육이라는 큰 울타리에서 이 길을 걷고 있는 한 우리는 언제나 기독교사로 만날 수 있을 것이다.

　푸른꿈비전스쿨에 있을 때 학교의 가장 자랑할 만한 것이 무엇인지 곰곰이 생각해 본 적이 있었다. 대부분 교육과정을 많이 얘기할 터이지만 나는 그 교육과정을 현장에서 살아 내 아이들에게 직접적으로 흘러가게 해 주는 우리 선생님들이 자랑거리라 생각했다. 그래서 입학 상담 하면서 내가 가장 강조하는 것이 교사였다. 그만큼 교사 공동체가 좋았다. 그 좋은 선생님들이 공동체를 이루어 시작하는 학교가 이봄학교이다. 이봄학교는 또한 학부모님들의 지지와 기도 외 많은 사람들의 기도로 시작하는 교육공동체이다. 어떤 한 사람의 소유나 바람으로 시작하는 학교가 아니다. 학부모님들이 먼저 요구하여 선생님과 학부모님, 학생이 함께 주체가 되어 설립하는 학교이다.

이봄학교가 하나님이 기뻐하시는 학교가 되기를 소망하고 응원한다. 인천 만수동에 잘 자리잡아 기독교대안교육을 필요로 하는 지역사회 학부모님들의 마음을 시원하게 해 드리는 학교로 성장하기를 기도한다.

※ '이봄'의 뜻은 다음과 같습니다.
- This Spring : 지금이 우리의 봄
- 이웃을 봄
- 세상과 다르게 하나님의 관점으로 봄

입학설명회 학부모 간증문

※ 아래는 우리 학교 학부모이신 어머니께서 작년 입학설명회 때 나누신 간증입니다. 소중한 자료라서 요청해서 이 블로그에 올립니다.

안녕하십니까. 저는 요한기독학교에 삼남매를 보내고 있는 학부모 황은경이라고 합니다. 요한기독학교를 다니게 되면서 아이가 어떻게 성장해 가고 있는지 나누고자 이 자리에 섰습니다. 저의 경험이 학교 선택을 두고 고민하고 계신 학부모님들께 작게나마 도움이 되길 바라 봅니다.

저희 첫째 아들은 현재 요한기독학교 중학교 3학년에 재학 중입니다. 이 아이는 스스로 대안학교를 다녀 보고 싶다고 하여, 기도하고 대안학교를 진학하였습니다. 어릴 때부터 말씀암송과 예배, 기도의 자리를 지켜온 아이라 그런지, 순종을 잘 합니다. 사춘기도 눈을 힘주어 뜨고 감는 정도로 큰 일탈 없이 조용히 지나갔습니다.

코로나로 온 가족이 집 안에서 북적이는 시간이 많아지면서 저의 집안일이 많아지자, 맏아들은 작년여름방학 때부터 설거지를 시작하였습니다. 그렇게 시작된 것이, 근래에는 저희 식구의 저녁 설거지를 전담하다시피 하고 있습니다. 이유인 즉은, 본인이 군대를 가게 되면 장기간 집을 비울 텐데, 그러면 엄마를 돕지 못할 것 같아서 미리 해두겠다는 것이었습니다.

그 지점에서 이 아이가 만약 일반학교를 다니며, 밤낮 주말 없이 온갖 학원을 전전하며, 공부만 하는 중3이었다면 이럴 수 있었을까를 생각했습니다. 저는 가족을 기쁘게 도울 줄 알고, 배려하며 사랑할 줄 아는 아이로 자라고 있는 아들을 보며 감사가 되었습니다.

첫째 아이가 하교하는 길에 후배가 몸집만한 악기를 들고 하교하는 것을 보고서는 스스럼없이 다가가 대신 들어주고, 매주 그 후배의 집 앞까지 들어다 주는 것을 우연히 알게 되었습니다. 선생님이 시켜서도 아니고, 부모님이 시켜서가 아니라, 아이의 눈에 자신의 도움이 필요한 타인이 보였다는 것이 감사했습니다. 지금도 일반학교에서는 학폭과 왕따로 인한 사건사고가 끊이지 않고 있고, 길거리를 오가다 보면 욕설을 섞지 않고서는 대화가 되지 않는 아이들을 심심치 않게 보게 됩니다. 기독교세계관 안에서, 하나님의 형상대로 지음 받은 나와 너의 존재를 인정하며, 서로를 귀히 여겨주고, 선한 것을 용기 있게 선택하여 실천할 줄 아는 아이로 자라고 있음에 감사했습니다.

저는 세 아이들의 성경말씀 암송만은 꾸준히 이어가고 있습니다. 두 달 전부터는 첫째와 둘째를 데리고 매일 열장정도의 성경을 함께 읽는 정도로, 아이들의 신앙적인 부분만 겨우 돕는 엄마입니다. 그 외의 학업에 관련된 공부와 과제는 중학교 3학년, 초등학교 6학년, 3학년인 세 아이들 모두가 다 스스로 하고 있습니다. 피아노는 세 아이가 모두 초등학교 입학 때부터 지금까지 모두 배움을 이어가고 있고, 그 외에는 태권도를 다니며 체력을 기르는 정도입니다.

저는 우리 아이들에게 주입식 교육과 문제를 잘 풀어내는 기술을 연마시켜, 좋은 성적을 받아, 좋은 대학을 가는 것을 교육의 목표로 삼을 마음이 없습니다.

12년이라는 학창시절 동안, 이 아이들이 배우는 즐거움을 맛보기를 바랍니다. 노력을 했더니 조금씩 향상되는 성취의 즐거움을 맛보기 바랍니다. 성실하게 배워갔더니 실력이 자란 자신을 보며, 봄에 씨를 뿌린 농부가 가을에 수확의 기쁨을 누리듯, 학습을 통해서도 땀 흘리고 수고한 기쁨을 맛보기 바랍니다. 자신이 과연 무엇을 좋아하고 잘하는지 탐색하며, 용기 있게 도전해 보고, 자신만이 가진 고유한 재능을 발견하는 기쁨을 누려보길, 그 재능으로 꿈을 향해 열정을 다해 준비해가는 시간이 되길 바랍니다,

학교 내의 선후배의 관계가, 학우와의 관계가 내가 널 이겨야하는 경

쟁의 관계가 아니라, 각자 가진 고유한 재능으로, 각자의 꿈을 향해 함께 달려가는 동반자이길 바랍니다. 행여, 어려움 앞에서 낙심이 되거나 좌절이 될 때, 서로 격려하고 힘을 주며, 기도해 주는 동역자로 넉넉히 함께 이겨내길 바래봅니다. 이 공동체 안에서 자연스럽게 존중과 배려를, 섬기는 리더쉽을 체득해 가길 바랍니다.

중학교 3학년인 첫째 아들은 얼마 전 방영된 강철부대를 보더니, 특수부대를 가는 것으로 꿈이 바뀌었습니다. 며칠 전에 그 아들이 제게 묻더군요.

"엄마, 내가 특수부대 가고 싶다는데, 하나님이 너의 재능과 네가 갈 길은 그곳이 아니라고, 이곳이야라며, 하나님이 나에게 다른 곳으로 가라고 명령하실까?"

"아니, 그럴 리가. 하나님은 그 누구보다 너가 행복하길 바라시는 분이신걸. 너가 하는 어떤 선택도 지지해 주시는 분이시지. 엄마도 물론 그러하고."

"엄마, 난 하나님이 내가 하는 어떤 선택도 지지해 주시는 분이시란 것이, 너무 행복해."

그러고는 하나님이 자신을 그저 지지해 주신다는 사실에 감격하여 눈물을 그렁거렸습니다.

 세상이 거대해 보여 도전치 못하고 포기하는 아이가 아니라, 주님이 날 지지하고 있음을 확신하기에 주님 안에서 마음껏 꿈꿀 수 있고, 주님과 함께하기에 실패를 두려워하지 않고 용기 있게 도전을 이어가는 아들이 되도록 돕는 엄마이고 싶습니다.

 12년간 꾸준히 피아노를 배우고 있어서, 학교에서 반주 봉사를 하고 있고, 잠언 말씀 한 장을 통으로 암기하는 것이 어렵지 않은 이 아이가 대체 어떤 직업군을 선택하게 될지, 저도 잘 모르겠습니다. 정말, 강철부대가 꿈이 되어, 직업군인이 될지도 모를 일입니다. 그러나, 저는 이 아이가 그 누구보다 성실하고, 책임감 있게 자신이 맡은 것을 해 내며, 자신이 정한 목표를 이루기 위해 최선을 다하는 아이인 것을, 그리고 어떤 선택을 두고 결정하기에 앞서, 하나님께 기도하기 시작했다는 것을 압니다.

 그렇기 때문에, 저는 그저 이 아이의 미래가 기대됩니다. 어디서 무엇을 하던 주님과 동행하며 잘 해낼 아이인 것을 믿습니다.

 마지막으로, 저는 오늘이 행복한 사람입니다. 내일 행복하려고, 오늘의 행복을 져버리는 선택을 하지 말라고 말하는 일인입니다.

저는, 이 아이가 자신의 미래를 위해, 혹은 3년 뒤의 대학진학을 위해, 지금 10대 때에만 누릴 수 있는 자기 탐색의 시간, 탐구의 기쁨, 자유롭게 꿈꿀 수 있는 기회, 가족들과의 행복한 일상을 포기하지 않을 수 있도록 도우려합니다.

오늘 행복을 누릴 줄 아는 이 아이가, 내일 자신의 행복과 타인의 행복을 지켜갈 아이로 자랄 것을 저는 믿습니다.

감사합니다.

기독교사의 출퇴근 성경 읽기

학교까지 1시간 30분 정도 걸린다. 보통 6시 30~40분에 일어나서 준비하고 7시 10분 정도 전철을 타면 학교에 8시 30분 정도 도착한다. 전철 타는 게 약간이라도 늦으면 배차 간격 때문인지 학교에 8시 50분 넘어 도착할 때도 있다.

 학교를 결정할 때 정말 많이 고민되는 것 중에 하나가 출퇴근이었다. 과연 날마다 3시간 정도의 거리를 감당하며 다닐 수 있을 것인지…… 일찍 일어나야 하고 퇴근하면 다음 날 출근 때문에 일찍 자야 하고 그러면 상대적으로 개인 시간이 줄어들고…… 이걸 이사 가지 않는 이상은 계속해야 한다. 전철 탈 때 앉지 못하고 서서 갈 때는 힘들다. 더군다나 몸 상태가 좋지 않을 때는 정말 최악이다. 피곤할 때는 아무것도 할 수 없다. 앉아서 눈 감으면 바로 잔다.

출퇴근으로 날마다 이동 시간만 3시간이 소요된다. 하루에 3시간씩이면 적지 않은 시간이다. 학교를 결정했을 때부터 출퇴근은 각오하고 있었다. 주위의 걱정스러운 우려에도 출퇴근 시간을 개인 시간으로 쓰면 된다고 했었다. 하지만 막상 다녀 보니 힘들기는 하다. 그럼에도 이 시간을 최대한 살려야 한다, 그냥 흘러가게 둬서는 안 된다는 마음을 늘 갖고 있다. 나는 시간 부자가 되고 싶다. 그만큼 시간을 효율적으로 쓰고 싶다. 시간은 금보다 귀하기 때문이다. 전철 타면서 뭘 하면 가장 좋을까 고민하다가 책을 읽었다. 영어 공부를 해 볼까 해서 미드를 본 적도 있다. 하지만 오래가지 못했고 성경 읽는 시간이 줄면서 소진되는 삶을 사는 것 같았다. 뭔가 채움이 필요했다. 그래서 2학기 첫 출근일부터 다시 성경을 읽어야겠다 마음먹었다. 일반 성경책은 무거워서 포켓 성경을 생각했는데 아내가 한 권 있다며 챙겨줬다. 전철에서 읽어 봤는데 아주 좋았다. 앉아서 읽기도 편하고 서서 읽을 수도 있고! 출퇴근 시간에 읽으니 10장 정도 읽는다. 날마다 이렇게 읽으면 성경 3독도 머지않아 가능할 것 같다.

그러면 왜 성경을 읽느냐, 왜 이렇게 성경 읽는 것에 목을 매느냐 하는 질문을 던질 수 있을 것 같다. 한 마디로 말하면 나는 '기독교사'이기 때문이다. 내 수업에서 성경적 가르침이 행해지려면 내가 먼저 말씀 앞에 선 자가 되어야 한다. 하나님 말씀을 가까이하지 않고 어찌 기독교 교육을 한다고 말할 수 있겠는가? 어불성설이다. 날마다 말씀 붙잡고 살아도 유혹에 약하고 넘어지기 쉬운 연약한 존재가 바로 나다. 그런 내가 말씀을 놓으면 얼마나 더 마음이 쉽게 허물어질까? 마음을 다스리는 자가 성을 빼앗는 자보다 낫다(잠언 16:32). 기독교사에서 말씀이 빠지면 일반 교사와 다를 바 없다. 기독교사의 가장 큰 매력은 바로 말씀에 있다. 말씀이 빠진 기독교사는 앙꼬 없는 찐빵이다. 오아시스 없는 사막이다.(생텍쥐페리도 어린 왕자에서 사막이 아름다운 건 어딘가에 우물을 감추고 있기 때문이라고 했다.) 그렇다고 대놓고 말씀만 전하고 싶지는 않다. 그럴 능력도 없거니와 나는 성경을 가르치는 교사가 아닌 어디까지나 국어 교사이기 때문이다. 자연스럽게 말씀이 수업에 녹아들게 하고 싶다. 굳이 마음을 드러내지 않아도 말과 행동에서 마음이 느껴지듯 그렇게 말씀이 내 수업에서 드러나면 좋겠다.

진리를 삶에 녹이면 나는 사라지고 예수님만 보일 것이다!

그리운 정기원 교장 선생님

 두 선생님께 사인받은 이야기를 쓰려고 보니 갑자기 정기원 교장 선생님이 그리워져서 부랴부랴 선생님께서 쓰신 책을 찾았다. '교육의 가나안을 향하여'는 교장 선생님께서 사인해 주신 소중한 책이다. 펼치는 순간 그냥 눈시울이 붉어졌다…….

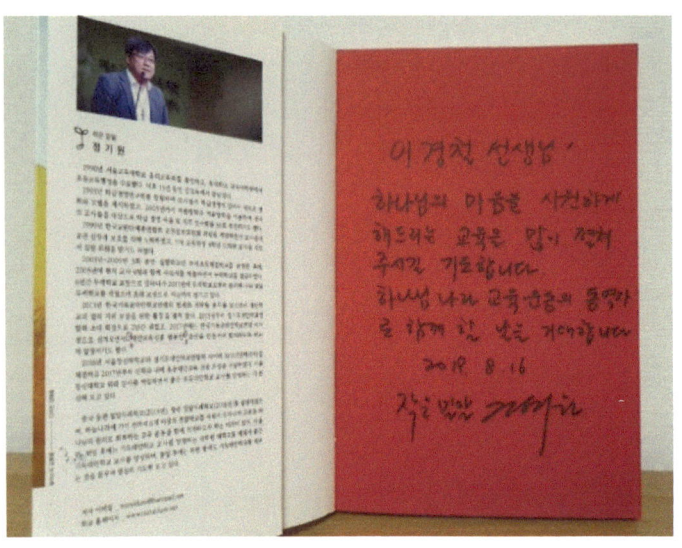

정말 사인에 적힌 글대로 CTS와 한국기독교대안학교연맹에서 주관한 기독대안학교 신규 교사 직무 연수에 강사로 세워 주셨다. 거의 10년 일한 기독교대안학교에서 금요일에 통보받고 다음 주 수요일에 잘렸을 때에도 잘린 당일 제일 먼저 거처를 알아봐 주셨다. 그래도 안심이 안 되었는지 당일 밤에 또 전화 주셔서 동탄에 학교 같이 세우자고 제안해 주셨다. 비록 동탄에 학교를 설립하는 것은 무산되었지만 교장 선생님과 몇 개월 잠시라도 하나님 나라 교육 운동의 동역자로 함께할 수 있었다는 사실은 내게 과분한 영광이다. 어려울 때 힘이 되어 주시고 나를 많이 아껴 주셔서 그런지 교장 선생님을 생각하면 늘 그립다. 곁에 있어도 그리운데 곁에 없는 지금 교장 선생님이 더 그립고 보고 싶다.

2장. 삶을 가꾸는 글쓰기

기독대안학교 신규 교사 직무 연수

: 삶을 가꾸는 글쓰기 수업

기독대안학교 신규교사 직무연수 (1기)

다음세대의 영혼을 살리는 기독대안학교 교사

기독대안교육의 이해

번호	강의 제목	강사	소속
01강	기독 대안교육 역사와 철학 1	권광은 교장	아이머스실용음악학교
02강	기독 대안교육 역사와 철학 2		
03강	기독교 세계관과 교육과정 1	신현주 교장	쉐마학교
04강	기독교 세계관과 교육과정 2		
05강	기독교 세계관과 교육과정 3		
06강	기독교 세계관과 교육과정 4		
07강	기독교 세계관과 교육과정 5		
08강	기독교 교육개론과 기독대안학교 1	하태규 이사장	LBOT기독혁신학교
09강	기독교 교육개론과 기독대안학교 2		
10강	기독교 교육개론과 기독대안학교 3		
11강	기독교적 가르침 1	정호영 교감	이음기독학교
12강	기독교적 가르침 2		
13강	기독교적 가르침 3		
14강	기독 교사와 교육공동체 1	신병준 교장	소명교육공동체(소명학교)
15강	기독 교사와 교육공동체 2		
16강	기독 교사와 교육공동체 3		
17강	기독 교사와 교육공동체 4		
18강	자녀를 어떻게 키우고 싶은가?	차영회 사무총장	한국기독교대안학교 연맹
19강	우리 교육의 현실은 어떠한가?		

기독교 교육 교수법

번호	강의 제목	강사	소속
30강	삶을 가꾸는 글쓰기 수업 1		
31강	삶을 가꾸는 글쓰기 수업 2	이경철 교사	요한기독학교
32강	삶을 가꾸는 글쓰기 수업 3		
33강	수업 디자인		
34강	수업 디자인과 교재		
35강	수업 디자인과 학급경영 1		
36강	수업 디자인과 학급경영 2		
37강	수업 디자인에서 목표 내용 방법	심옥령 교장	(전)청라달튼외국인학교
38강	수업 디자인과 평가		
39강	단원별 수업 디자인		
40강	교수 학습과정안 작성 1		
41강	교수 학습과정안 작성 2		
42강	수업분석		
43강	질문이 살아 있는 수업 1		
44강	질문이 살아 있는 수업 2	김종은 교사	소명중고등학교
45강	질문이 살아 있는 수업 3		
46강	질문이 살아 있는 수업 4		
47강	ASSURE로 간추린 기독교 교육공학 1		
48강	ASSURE로 간추린 기독교 교육공학 2	김효숙 교수	장로회신학대학교
49강	ASSURE로 간추린 기독교 교육공학 3		

생활지도

번호	강의 제목	강사	소속
61강	학생 사안의 사례와 처리 1	이승원 교장	전)서울대방초등학교
62강	학생 사안의 사례와 처리 2		
63강	왜 회복적 생활교육인가?	서영미 소장	밀알두레 교육연구소
64강	회복적 정의를 기반으로 한 회복적 생활교육		
65강	회복적 생활교육 실천		
66강	기독교 성품 교육 1	정주희 교사	새이레기독학교
67강	기독교 성품 교육 2		
68강	기독교 성품 교육 3		
69강	기독교 성품 교육 4		
70강	기독교 성품 교육 5		
71강	기독교 세계관과 생활지도 1	원호상 교장	위드림학교
72강	기독교 세계관과 생활지도 2		
73강	기독교 세계관과 생활지도 3		
74강	기독교 세계관과 생활지도 4		
75강	기독교 세계관과 생활지도 5		

기독대안학교 신규 교사 직무 연수가 드디어 개설된다. 오늘 오후 1시 9분 기준 현재까지 195명이 접수했다고 연락을 받았다. 이렇게 귀한 일에 강사로 쓰임받다니 감개무량하다. 아무리 생각해도 은혜가 아닐 수 없다. 거의 200명에 가까운 사람들이 내 강의를 듣는다. 생각만 해도 신기하다. 절로 학교 홍보가 된다. 나중에 학교가 성장해 신규 선생님을 모실 때에도 좋은 영향을 끼칠 거라 생각한다. 혹시 이 연수를 듣고 지원하시는 분이 계신다면 정말 반가울 것 같다.

강의는 작년 3월 16일 푸른꿈비전스쿨에 있을 때 찍었다. 개교기념일로 학교에 지장을 주지 않는 날로 녹화 일정을 잡았었다. 그래서 영상에서는 푸른꿈비전스쿨 교사라고 나온다. 하지만 지금 푸른꿈비전스쿨은 역사 속으로 사라졌고 현재 나는 요한기독학교에서 좋은 선생님들과 함께 열심히 아이들을 가르치고 있다.

강의를 찍은 후 한동안 아무 소식이 없어서 추진하고 있는 일이 무산된 줄 알았다. 하지만 8월 10일에 10월 초 오픈될 것 같다며 강의 원고나 ppt를 요청하셨다. 내가 함부로 자료를 지울 사람도 아니고 당연히 있겠거니 생각해서 마감 기한 즈음해 제출하려고 했다. 강의 찍을 때 자료를 넘겨 드린 것 같은데 메일을 찾아봐도 없고 외장하드에도 없고 노트북에도 없고...... 아무리 찾아도 없었다. 완전 당황했다. 최후의 수단은 내가 찍은 강의를 내가 보고 역으로 자료를 다시 만드는 수밖에 없었다. 그래서 강의를 볼 수 있게 해 달라 요청했고 내가 내 강의를 보면서 자료를 만드는 어처구니없고 비효율적인 일을 했다.

평일은 하기가 힘들어 마음잡고 주말에 많이 했다. 인사부터 웃겼는데 강의를 듣는 중에는 울컥해서 눈물이 났다. 내가 찍은 강의를 내가 보며 울다니...... 아마도 당시 상황이 한꺼번에 물밀듯 몰려왔기 때문일 것이다. 당시 학교는 내부적으로 어수선했다. 그런 와중에도 기어코 해 내려고 시간을 내어 꾸역꾸역 했었다. 이왕 하는 김에 최대한 잘하고 싶었다. 지금까지 내가 했던 글쓰기 수업을 되돌아보고 정리하여 집대성해 보고 싶었다. 그것은 앞으로 나아갈 방향을 생각할 때도 유의미한 작업이 될 거라 생각했다. 또한 아무래도 기독교대안학교 교사들이 들을 강의이기 때문에 일반 글쓰기 수업과 다르게 기독성이 묻어나게 하고 싶었다. 생각하고 또 생각해서 마인드맵으로 정리하는 등 정말 열심히 준비했었다. 그래서 영상에는 입술 부르튼 것도 보인다. 모든 과정을 돌이켜 보니 내가 기특해서 눈물이 난 것 같다.

강의를 보니 글쓰기 수업 실력이나 영적 상태가 지금보다 그때가 더 좋았다. 내가 한 강의지만 오히려 내가 감동을 받았고 순수함을 느꼈다. 내가 저런 말도 했었구나...... 글쓰기 수업과 관련된 방법적인 측면보다도 글쓰기의 가치, 내 수업이 공교육과 비교해 어떻게 대안적인 수업이 될 수 있을까, 어떻게 글쓰기 수업을 하게 되었나 하는 과정적인 측면에 중점을 두었다. 선생님들이 의미를 부여하고 교육 현장에서 글쓰기 수업을 시작하다 보면 방법적인 측면은 각자 학교 실정에 맞게 자연스럽게 찾아낼 수 있을 거라 믿었기 때문이었다.

　며칠에 걸쳐 거의 만들 무렵 이런 내 모습이 안쓰러워 보였는지 아내가 예전 노트북에 자료 있는 것 아니냐며 한마디 했다. 그렇다! 내 노트북이 바뀐 건 전혀 생각을 못 하고 있었다. 아! 어찌나 고맙던지…… 아내 덕분에 시간을 벌었고 무엇보다 매인 일에서 홀가분히 벗어나 쉴 수 있다는 사실이 기뻤다. 지금까지 만들었던 자료는 다시 물거품이 되었지만 그래도 덕분에 나를 모니터링할 수 있어 감사했다.

　아무래도 처음 찍은 강의이다 보니 어설프고 설익은 느낌이 든다. 하지만 글쓰기 수업에 대한 열망과 진심이 느껴진다. 아무쪼록 보시는 분들이 이 점을 감안해서 너그럽게 봐 주시면 감사하겠다. 마지막으로 이런 연수를 기획하시고 부족한 나를 써 주신 정기원 교장 선생님께 참으로 감사드린다.

책과 이사

　6월 3일 이사를 했다. 이사 당시 이삿짐센터에서 5톤 차량이 왔다. 8시부터 시작했다. 이사 갈 집은 사다리차를 못 쓰고 엘리베이터만 써야 했다. 날짜는 6월 3일로 예약해 놓고 마침 오전이 비어 있어서 별생각 없이 오전으로 예약했다. 하지만 이삿짐센터 일하시는 분이 엘리베이터 겹치면 상대 이삿짐센터에서 욕한다고 해서 살던 집 짐을 다 못 싸고 부랴부랴 이사 길 집으로 향했다. 이사는 1시 정도에 끝난 것 같다 생각보다 차분하게 이사가 진행된 것 같았다. 하지만 짐이 너무 많아서 거실, 큰방, 애들 방에 쌓아 놓았다. 일주일이 지난 지금도 정리가 안 되었다. 빨리 폭탄 맞은 집을 면해야 사람들을 초대할 텐데……

　책을 재활용센터에 200kg 정도 팔았다. 22,700원 받았다. 살 때는 비싸게 샀는데 버릴 때는 헐값이다. 산 가격을 생각하면 돈이 아깝다. 정말 얼마나 많은 돈을 책에 썼는지 모르겠다. 문제는 아직도 이것보다 더 많은 양의 책이 있다는 사실이다. 좋은 책, 귀한 책들도 많은데 이사

갈 때가 되니 다 짐이 됐다. 하지만 이참에 깨닫는다. 사 놓기만 하고 읽지 못한 책들이 더 많은데 앞으로는 당장 읽을 책만 사자. 읽겠다 다짐하고 사 놓지는 말자. 지식의 노예에서 해방되어야겠다. 왜냐하면 그리스도 예수를 아는 지식이 가장 고상하기 때문이다. 더 귀한 것이 있을 때 덜 귀한 것을 내려놓을 수 있는 여유와 결단이 지금의 시점에서는 필요한 것 같다. 기독교 서적도 많지만 딱 한 권만 남기라고 한다면 성경 자체만 필요하듯이 더 귀한 것을 붙잡자. 사도 바울도 자기에게 유익했던 세상 것들을 해로 여겼다. 세상의 초등 학문을 따르는 것이요 배설물로까지 얘기했다. 이 세상의 것들을 누리며 살면서 세상의 것을 배타적으로 무조건 배척할 수는 없지만 가치의 경중을 따지며 살아야겠다.

내 모습에서 '어리석은 부자'가 보인다.(누가복음 12:16~21)

16.또 비유로 그들에게 말하여 이르시되 한 부자가 그 밭에 소출이 풍성하매

17.심중에 생각하여 이르되 내가 곡식 쌓아 둘 곳이 없으니 어찌할까 하고

18.또 이르되 내가 이렇게 하리라 내 곳간을 헐고 더 크게 짓고 내 모든 곡식과 물건을 거기 쌓아 두리라

19.또 내가 내 영혼에게 이르되 영혼아 여러 해 쓸 물건을 많이 쌓아 두었으니 평안히 쉬고 먹고 마시고 즐거워하자 하리라 하되

20.하나님은 이르시되 어리석은 자여 오늘 밤에 네 영혼을 도로 찾으리니 그러면 네 준비한 것이 누구의 것이 되겠느냐 하셨으니

21.자기를 위하여 재물을 쌓아 두고 하나님께 대하여 부요하지 못한 자가 이와 같으니라

중학생 때부터 용돈이 생기면 책을 사기 시작했다. 직장을 다니면서는 한 달에 30만 원에서 많게는 40만 원 정도 산 적도 있었다. 책장에 책이 쌓여 가는 모습이 좋았다. 좋은 책을 많이 구비해 놓아서 나중에 읽어야지라고 했는데…… 살다 보니 책 읽을 시간도 별로 없고 책이 오래되어 상태도 안 좋아져서 결국은 오늘을 맞이했다. 중간에 몇 번 버린 적도 있지만 이렇게까지 많이 버린 적은 없었다. 많이 쌓아 두었으되 준비한 것이 누구의 것이 되었는지 모르겠다. 그래도 책이 있어 책과 관련된 일을 하고 있는 것에 위안을 삼아야겠다.

이렇게 많이 버렸고 더 버려야 하지만 그래도 필요한 책을 안 살 수는 없으니 앞으로 책을 살 때는 전자책을 사야겠다.

글쓰기 수업의 매력 (새얼백일장 공모 시)

9학년 국어 시간. 아이들이 새얼백일장에 공모할 시를 썼다. 보고서 놀랐다. 입상 여부를 떠나 글 솜씨가 많이 늘었다. 가르치는 사람으로서 뿌듯하다. 아이들의 내면을 볼 수 있다는 것이 글쓰기 수업의 매력임을 다시 한번 느꼈다.

거품

모든 것은 거품이다.
누구는 돈을 많이 벌고 싶어하고
누구는 권력을 쥐고 싶어한다.
하지만 이 모든 것 죽으면 무슨 소용이 있으리.
결국 모든 것은 거품으로 바뀐다.
거품은 손에 쥐어지지 않지만 어리석은 사람들은
자신의 손에 담으려고 노력한다.

자신의 손에 어렵게 담았을 때 그것은 거품이 되어
땅에 떨어질 것이다.
그러나 그 거품을 완전히 담는다면
자기 자신이 땅에 떨어질 것이다.
자신이 떨어지면
결국 그 거품은 담지 못하고 죽게 될 것이다.
우리는 잡을 듯 말 듯한 이 거품 때문에
진짜 소중한 것을 잃게 될 것이다.
이 모든 것을 잃기 전에 깨닫고
진짜 소중한 사람 가족에게 또는 친구에게
돌아가 사랑해 주는 것이 행복한 삶이 아닐까?
만약 지금 손에 잡히지 않는 거품을 잡고 있다면
이제 놓아주자.
마음속에 잠기다
나른한 토요일 오후, 햇빛이 내 방을 훔쳐본다.
아무 생각 없이 눈만 뻐끔뻐끔
계속 멍만 때리다, 생각에 잠긴다.
나무 위에 새 한 마리
그 나무 그늘 안에 내가 있는 기분이다.
바람은 내 얼굴 쓰다듬고, 잔디는 파도처럼 휘날리고,
아무 걱정 없이 마음속에 잠긴다.
가끔가다 몇 번 있는 산책, 파릇파릇한 나무들이 나에게 인사한다.

아무 생각 없이 발만 터벅터벅

자연을 파헤치는 바람을 보다, 생각에 잠긴다.

학교 속에 내 친구들

그 친구들과 속닥속닥, 내 얼굴에는 미소로 덮여 있다.

종소리가 나와 친구들을 재촉하고, 다 같이 자리로 돌아가고,

아무 걱정 없이 마음속에 잠긴다.

아주 소중한 휴일, 드라마 속 배우들에게 빠져든다.

아무 생각 없이 입만 피식피식

드라마에 집중하다, 생각에 잠긴다.

내 옆에 유명 인사

나도 배우 따라 유명 인사.

사람들 시선 한번에 사로잡고

내 입꼬리는 이미 두리둥실, 기분 따라 발걸음에는 우아함이,

아무 걱정 없이 마음속에 잠긴다.

휴일보다 소중한 내 생일, 가족들과 친척들이 내 생일을 축하해 준다.

기분 좋아, 내 말 한마디 한마디마다 행복이 섞여 있다.

축하받고, 선물 받고, 축하하고

내 생각에 잠길 틈이 없이 기분만 짜릿하다.

내 마음에 원통함 다 버리고,

이 날은 아무 걱정 없이 가족 품에 잠긴다.

삶이 담긴 글 쓰기

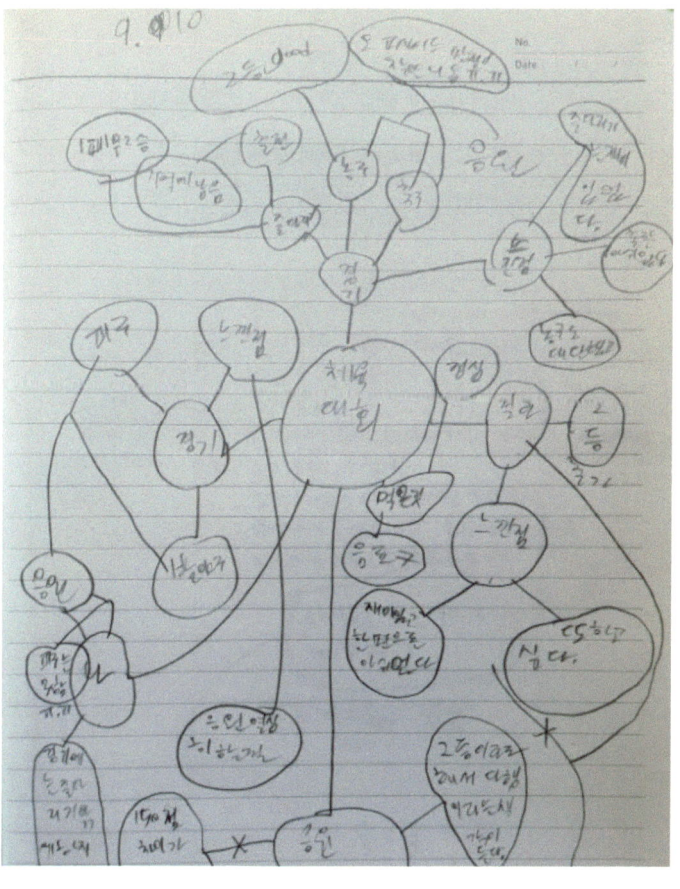

중학교 1학년 국어 수업 시간. 1단원의 '삶이 담긴 글 쓰기'를 가르치고 있다. 오늘 한 학생이 발표를 했는데 아주 구체적으로 잘 얘기했다. 세부적인 것까지 기억하고 있어서 육하원칙에 따른 기사문을 대하는 것 같았다. 느낀점을 보충한다면 더 좋은 글이 될 것이라는 피드백과 함께 노트를 살펴봤다. 예상한 대로 '내용 마련하기' 과정이 충실히 되어 있었다.

 글 쓰기를 부담스러워하지 않고 군말 없이 쓰는 아이들이 참 기특하다. 재미있다고 하기도 하고 한 편의 글이 완성됐을 때는 성취감도 느끼는 듯하다. 다 썼다며 좋아하는 표정에서는 일종의 흥분감을 엿볼 수 있다.

 글 쓰기를 통해 자신의 삶을 점검하고 자신의 경험에서 의미를 길어 올렸으면 좋겠다. 또한 친구들과 공유함으로써 타인을 이해하는 폭을 넓혔으면 좋겠다.

선택수업 글쓰기 '싱글벙글'

 2학기 변화 중 하나는 선택수업을 개설했다는 것이다. 주어진 시간표대로 학년별로 배우는 것이 아니라 선생님들이 수업을 개설하고 아이들은 자기가 원하는 수업을 듣는 것이다. 중1부터 고3까지 학년 구분 없이 정말 자기가 마음에 드는 수업을 골랐다. 이렇게 하니 따로 동기 유발할 필요가 없는 것 같다. 자신이 선택한 이유 때문인지 수업 태도가 아주 좋다.

선생님들이 개설한 수업으로는 기독교 기업가 정신, 인천역사탐방, 수학보드게임, 기독교상담, 글쓰기-싱글벙글이다. 나는 글쓰기를 개설했다. 단순히 '글쓰기'라고 하면 좀 식상해서 '싱글벙글'이라고 지었다. 싱글벙글은 '싱그런 글쓰기, 벙그런 글쓰기'를 줄인 말인데 싱글벙글 웃는 것처럼 글 쓰는 것도 정답고 환한, 재미있는 활동이라는 뜻이 담겨 있다.

 아이들이 노트북을 꺼내 진지하게 블로그 글을 쓰는 모습을 보고 있으면 참 신기하다. 그 누가 글쓰기를 따분하다고 했던가 하는 의문이 생긴다. 또한 아이들의 표현 욕구가 글쓰기로 충족되고 있다는 생각이 든다.

 아이들이 내 수업을 통해 글쓰기에 대한 부담을 덜고 언제 어디서나 마음껏 글로 자신의 생각을 표현하면 좋겠다. 나아가서는 이 수업이 끝나도 글쓰기를 계속 이어가면 좋겠고, 한 편 한 편의 글을 차곡차곡 쌓아 언젠가는 출판까지 하면 좋겠다. 이런 마음으로 한다면 짧은 한 편의 글도 정성 들여 쓸 것이고 책임 있게 쓸 것 같다.

 * 참고
 '싱그런 글쓰기, 벙그런 글쓰기'에서 '싱그런'이라는 단어는 있지만 '벙그런'이라는 단어는 사전에 없습니다.

글쓰기 교정 전문가 이경철

　다돌출판사 사장님께서 감사하다며 글을 남겨 주셨다. 제목이 '글쓰기 교정 전문가'이다. 글쓰기 코칭을 하시고 책 출판 일을 하시는 분이 이렇게 불러 주시니 뭔가 새롭다. 나에 대해서 다시 생각해 보게 됐다. 그동안 글쓰기 수업도 하고 관련 강의도 교사 대상으로 두 번 했었다. 하지만 나 스스로를 글쓰기 교정 전문가라고 생각해 본 적은 없었다. 전문성은 있지만 아직은 배워야 할 게 많다고 생각했기 때문이다 자기 소개할 때 교사라고 자연스럽게 말하는 것과는 달리 아직 내가 스스로 정한 수준에 못 미쳤다고 생각하고 있었다. 하지만 곰곰이 생각해 보니 그동안 아이들과 같이 한 글쓰기 시간, 교정한 책들이 많다. 또한 나 스스로가 저는 이런 사람입니다라고 소개하지 않았는데도 다른 사람이 먼저 이렇게 부를 정도이면 인정받고 있다는 생각이 든다. 무엇보다 돈 받고 할 정도면 이제는 프로라고 생각해도 되지 않을까 싶다. 그래서 오늘을 기점으로 교사라는 타이틀 외 글쓰기 교정 전문가라는 또 다른 타이틀을 써도 될 것 같다는 생각이 든다.

커피 늘보에서

상동도서관 맞은편에 있는 커피늘보 카페. 몇 시간째 책 교정을 하고 있다. 오늘 교정을 끝내려고 마음먹고 점심 먹고 와서 계속 작업 중이다. 피아노 선율이 흐르는 중 책을 읽으며 많은 생각이 든다. 불현듯 먼 옛날이 생각나기도 하고 지금의 내 모습과 미래의 모습을 그려 보기도 한다. 결국에는 감사다. 지금의 마음을 잊지 않고 감사하며 겸손하게 살고 싶다.

커피 늘보에서

글을 쓰면서

 지금까지 블로그에 글을 쓰면서 느낀 점을 정리해 봤다.

 생각보다 시간이 많이 걸린다. 대부분 짧게는 2시간, 길게는 4시간 넘게 고민하며 완성한 것 같다. 많이 생각하고 쓰고, 또 쓰다 보면 길어지기 때문에 상당한 시간이 소요됐다. 시간이 든 만큼 내 글에 애착이 간다. 어린 왕자에 나오는 구절이 생각난다.
 "너의 장미꽃이 그토록 소중한 것은 그 꽃을 위해 네가 공들인 그 시간 때문이야."
 하지만 이렇게 쓰다가는 12월이 되어도 9월 이야기를 쓰고 있을 것 같다. 4월 5일 첫 글을 완성하고 열심히 쓰다 보면 따라잡을 수 있을 거라 생각했는데 아직도 밀려 있다. 기록하고 싶은 일은 많지만 시간이 부족하다. 이럴 때는 내가 전업 작가라면 좋겠다는 생각이 가끔 든다.

 그래서 며칠 전부터 전략을 바꿨다. 시간 순서대로 쓰는 건 무리이니

최대한 현재를 중심으로 쓰되 여유가 생기면 지난 일을 기록하기로! 이렇게 하면 자칫 내용이 뒤죽박죽이 될 수 있으니 제목에 모두 날짜를 달기로!

  글도 쓰다 보면 느는 것 같다. 내 안에 잠든 글쓰기 능력이 깨어나는 것 같다. 더 연습이 되면 쓰는 시간도 단축될 것 같다. 쓰는 시간이 단축된다는 것은 그만큼 생각이 더 빨리 정리된다는 뜻 아닐까?

  블로그를 통해서 지경이 넓어지고 있고 좋은 인연들도 생겨나고 있다. 이렇게 좋은 걸 왜 이제서야 시작을 했는지 모르겠다. 다양한 사람들의 다양한 이야기에 귀 기울이면서 수업의 아이디어를 얻는 것은 큰 수확이다.
  아이들과 블로그 수업을 계속하면서 나중에는 출판까지 가는 수업으로 열매 맺고 싶다. 그러기 위해서는 내가 먼저 직접 해 보는 것이 중요하므로 열심히 써야겠다. 물론 가르치는 일이 우선이니 주객전도를 경계하면서!

3장. 다시 초심으로

초보

 퇴근길에 김 서림 방지 방수 필름을 2,000원에 구입했다. 이건 시간 내서 각도를 계산해 보고 차분히 붙일 계획이다.

 초보운전 스티커도 어제 다이소에서 2,000원 주고 구입한 거 오늘 부착했다. 기존에 있는 건 코팅까지 해서 아내가 만들어 줬는데 비가 오니 젖어서 교체했다. 대신 밤에 더 잘 보이는 것으로 골랐다. 유리에 붙이려다가 시야를 가리는 게 싫어서 차체에 붙였다. 빨리 뗄 생각은 없다. 많이 능숙해지면 떼고 싶다.

 오늘 두 가지 당황스러운 일을 겪었다. 첫 번째. 차를 세워 놓고 뒤로 빼려고 하는데 자꾸 앞으로 가는 것이었다. 3번이나 그래서 당황했다.

안 되겠다 싶어서 앞 차 운전자님께 차 좀 빼달라고 했다. 그러고 나서 다시 앞으로 가려고 하는데 그제야 알았다. 키를 반만 돌려서 차에 전원만 들어온 상태였다. 제대로 키를 돌렸더니 부릉~ 하면서 엔진이 돌아갔다.

두 번째. 빗길 운전이 어렵다 생각한 적이 없었는데 사고 날 뻔한 상황이 닥치자 왜 빗길 운전이 위험한지 이제서야 알았다. 사이드미러가 비 때문에 안 보여서 차선 바꾸다가 하마터면 옆 차 박을 뻔한 것이다. 짧은 거리라서 비를 안 닦고 그냥 탔는데 사고는 정말 눈 깜작할 사이에 일어난다는 것을 실감했다.

그동안 별 탈 없이 타서 자신감이 많이 붙었는데 오늘 일로 나시 경각심이 생겼다. 초심으로 돌아가서 자나 깨나 불조심, 다시 보자 불조심하는 마음으로 운전해야겠다.

벤치

교무실 뒤 발코니에 있는 벤치. 역시 눈 오는 날에 벤치는 그대로 하나의 풍경이 되었다.

자네가 사고칠 사람인가?

주변에 감사한 분들이 참 많지만 늘 마음에 두고 있었던 분이 계시다. 오늘은 감사 인사를 드리러 마트에 가서 수박 한 통, 복숭아 한 상자, 사과 한 봉지를 사서 아내와 함께 갔다. 현관문에 국가유공자의 집 명패가 달려 있었다. 나 말고도 다른 좋은 일을 하신 분이라는 생각이 들었다. 초인종을 누르고 문이 열리기를 기다렸다. 오랜만에 보는 모습에 좀 놀랐다. 예전보다 머리에 서리가 더 내렸고 살도 더 빠지셨다.

"사장님 덕분에 집을 샀습니다. 정말 감사합니다. 집 완전 좋습니다. 감사합니다."

"아이 안 사 와도 되는데...... 미안하게......"

"아닙니다. 사장님 덕분에 새집에 큰 집을 얻었습니다. 감사합니다."

"자네 복이지 뭐."

"감사합니다. 건강하시고 또 뵈러 오겠습니다."

인사를 드리고 나오려는데 악수를 청해서 악수를 했다. 나를 아끼시는 마음이 느껴졌다.

사장님은 지금은 은퇴한 부동산 공인중개사시다. 2016년 10월 어느 날 일하는데 사장님께 전화가 왔다. 퇴근하고 꼭 사무실에 들르라고 하셨다. 사무실에 갔더니 집을 막 설명해 주시면서 계약하라고 하셨다.

"사장님, 너무 좋지만 계약할 돈이 없습니다."

진짜 없었다. 기독대안학교 교사 월급이 너무 적어 외벌이로는 4인 가족이 아껴 살기에도 버거웠다. 그래서 다른 뭔가를 한다는 건 엄두조차 못 냈다. 아무리 좋다고 얘기해도 못한다는 말밖에……

"내가 꿔 줄게."

"예? 사장님, 저를 뭘 믿고 꿔 주시나요?"

"자네가 사기칠 사람인가? 자네가 언제 그 월급에 새집에 지금보다 더 큰 집을 사겠나? 내 말대로 해. 나중에 나한테 고마워할 거야."

그러고 나서는 정말 1천 만원을 바로 통장에 입금해 주셨다. 아, 그때 의 감격이란 정말 이루 말할 수 없다. 아무리 그래도 그렇지 가족도 하기 힘든 일을…… 나의 어떤 면을 보시고 이런 선의를 베푸시는지…… 그래도 내가 인생을 괜찮게 살았나 보다……나라면 못 꿔 줄 텐데…… 별의별 생각이 다 들었다. 계약금을 꿔 주면서까지 계약하라고 사정할 정도니 해도 될 것 같다는 확신이 들었다. 대출 심사를 받고 대출이 나온 후 사장님 빚은 바로 다 갚아 드렸다.

현재 새집에 6월에 입주해 잘 살고 있다. 사장님께 정말 감사하다. 나 병환자 열 명이 깨끗함을 받았으나 한 명만 하나님께 영광을 돌리며 예수님의 발 아래 엎드려 감사했던 사마리아 사람이 생각난다. 은혜를 저

버리는 사람이 되고 싶지 않다. 내가 경제적으로 사장님께 많은 것을 보답해 드릴 수는 없겠지만 감사의 마음과 인사는 꼭 하고 살려고 한다.

이 집은 기독대안학교 교사 월급으로는 아마 평생을 모아도 사지 못할 것이다. 그만큼 내 능력으로는 구할 수 없는 집이기에 더 큰 은혜로 다가온다. 왜 하나님이 내게 이런 은혜를 주셨을까를 생각해 본 적이 있다. 하나님께서 이렇게 말씀하시는 것 같다.
"넌 돈 걱정은 하지 말고 기독대안교육 열심히 해. 그러면 내가 다 채워줄게."

부족한 월급에도 돕는 손길과 주님의 채우심으로 이 길을 갈 수 있음에 감사하다.

ppt 독서 수업(부제: 틀리지 않았다)

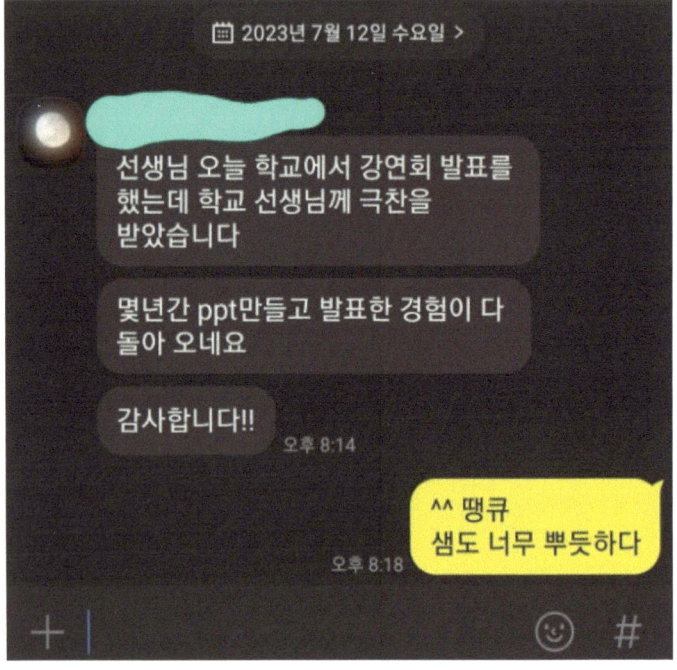

 내가 처음으로 교육과정으로서의 독서 수업을 한 건 아마도 2012년일 것이다. 첫 대안학교에서 전임으로 일하면서 독서 수업을 하게 됐으니까 말이다. 국어 수업만 하다가 독서 수업을 맡았을 때는 어떻게 해야 할지 감이 좀 안 왔다. 자칭 전문가라는 분께 독서 수업을 이렇게 해라 저렇게 해라 안내받은 것도 있었지만 썩 좋아 보이지는 않았다. 하지만 내가 더 나은 방법을 모르기 때문에 자칭 전문가라는 분이 말씀한 대로, 또한 학교에서 하고 있는 형태의 독서 수업을 관습대로 했다. 교사가 먼저 책을 열심히 읽고 활동지를 열심히 만들어서 아이들과 활동지에 있는 내용을 또 열심히 이야기하는 것이다. 하지만 이런 수업을 하면 할수록 이건 아니다 싶었다. 먼저는 준비하는 교사인 내가 책을 읽고 활동지를 만드는 작업이 만만치 않았다. 수업 시수도 많고 가르치는 학년이 여러 학년으로 넓게 퍼져 있어서 이런 와중에 독서 수업을 준비한다는 건 정말 부담스러웠다. 어떤 학기는 중1부터 고3까지 6개 학년을 주 30시간 넘게 수업한 적도 있었으니 지금 생각하면 어떻게 그런 수업을 할 수 있었는지……. 그래서 거의 날마다 야근을 했었다. 퇴근을 해서도 수업 준비에서 자유롭지 못했고 독서 책과 씨름을 했었다. 어찌됐든 이런 수업 형태의 가장 큰 문제점으로는 너무 교사 주도의 수업으로 학생들을 수동적으로 만든다는 점이었다. 아이들 반응이 영 시원치 않은 게 느껴졌다. 이런 식의 수업을 계속 한다는 건 내 입장에서도 참 괴로웠다. 돌파구가 필요했다.

이런 와중에 독서 수업에 큰 변환점을 맞이한 게 하부르타 및 김현섭 소장님의 '질문이 살아 있는 수업' 강의를 들은 후였다. 활동지를 만들고 나누는 수업의 한계를 다른 선생님도 인지하고 있었기에 변화의 공감대는 형성되어 있었다. 우리는 지금까지 자칭 독서 전문가가 하라고 했던 독서 수업의 관습을 과감히 벗어나기로 했다. 어떻게 하면 학생들을 좀 더 주체적으로 세울까? 어떻게 하면 학생들을 좀 더 주도적이게 만들까? 교사의 가르침보다 학생의 배움이 더 일어나려면 어떻게 해야 할까? 선생님들과 참 많은 얘기를 했고 고민에 고민을 거듭하다 어느 순간 자연스럽게 구글 클래스룸의 ppt를 이용하기로 했다. 독서 시간이 일주일에 2시간이어서 기본 골격은 책 한 권을 3주에 끝내는 것으로 했다. 물론 4주 진행하면 더 여유는 있겠으나 혹 늘어질까 걱정이 되어 3주로 잡았다. 한 주는 책을 읽고 한 주는 ppt를 만들고 한 주는 발표 및 피드백을 했다. ppt를 만들기 전까지 책을 읽으면 되므로 실제로 책 읽는 기간은 2주가 되는 셈이었다. 아이들이 책을 잘 읽어 왔다면 책 읽는 시간을 굳이 수업 시간에 할애하지 않았을 것이다. 하지만 날마다 조금씩이라도 읽어서 2주 동안 한 권을 읽는 게 대부분 훈련이 안 되어 있었다. 한편으로는 함께 모여 읽는 이 시간이 좋기도 해서 2시간 할애는 아깝다는 생각이 들지 않았다. 책 읽는 시간을 뺀다면 그 시간에 교사가 뭔가를 또 준비해야 하고 아이들은 또 교사가 주도하는 대로 뭔가를 해야 한다. 이렇게 되면 집에서 읽어 오지 않는 한 읽는 것 자체가 뒤로 밀리게 될 수 있다. 그래서 수업 시간에 읽는 시간을 제공해 주는 것이 더 좋다 생각했고 작가나 기타 관련 내용 조사들은 ppt를 만들면서 충분히 채워질 수 있을 거라 생각했다. 개인차로 인해 적게 심는 자는 적게 거두고 많이 심는 자는 많이 거두는 현상이 생길 수 있으나 서로의 발표를 들으면서 이것 또한 어느 정도 해결될 일이라 생각했다.

이렇게 수업의 형태를 바꾼 후 확실히 아이들의 참여도나 집중도는 높아졌다. 나 또한 독서 수업이 즐거워졌던 건 두말하면 잔소리다. 이렇게 지금도 ppt를 활용한 독서 수업을 계속 하고 있다. 그러던 어느 날 교무회의 중 한 선생님께 ppt 만드는 독서 수업은 별로라는 말을 들었다. 정확히 'ppt나 만드는 독서 수업'이라고 했다. 또한 수업 시간에 읽게 하지 말고 집에서 읽어 오게 하면 좋겠다고도 하셨다. 순간 당황하지 않을 수 없었다. 그동안 내가 몇 해에 걸쳐 시행착오를 거치고 실행해 왔던 독서 수업이 부정당하는 것 같았기 때문이다. 아이들이 읽어 오지 않으니까 시간을 할애해 읽는 거고 ppt는 아이들이 재미있어 하고 만들 때 생각을 많이 하며 아이들을 주체적으로 만들 수 있는 방법인데 뭐가 문제일까? 발표할 때 ppt 안 쓰는 사람이 얼마나 될까? ppt는 발표력도 키워 줄 수 있는 강력한 도구인데 왜 이걸 문제삼는 거지? 이렇게 속으로 항변을 하고 인정하기 싫었다. 며칠 간 머릿속을 떠나지 않았다. 시간이 흘러 곰곰이 생각해 보니 아, 아직은 내가 이보다 더 좋은 독서 수업을 알지 못하기 때문에 한편으로는 이게 나의 한계이겠구나라는 생각도 들었다.

이렇게 두 달이 조금 지난 어느 날 우리 학교에서 중학교를 졸업하고 자사고를 간 제자가 갑자기 카톡을 보냈다. 제자는 2년 동안 나에게 독서 수업을 받은 아이였다.

"선생님 오늘 학교에서 강연회 발표를 했는데 학교 선생님께 극찬을 받았습니다. 몇 년간 ppt 만들고 발표한 경험이 다 돌아오네요. 감사합니다!!"

  읽자마자 "이거다!" 하면서 나도 모르게 주먹을 불끈 쥐게 됐다. 그동안의 답답함이 사라지고 정말 전율에 가까운 감정을 느꼈다. 닭살이 돋았다. 내가 목표로 하는 독서 수업을 학생이 알고 그 효과를 이렇게 스스로가 느끼고 있지 않은가! 고마웠다. 그냥 지나칠 수도 있는데 본인도 얼마나 기뻤으면 이렇게 문자까지 보냈을까? 문자 하나가 이렇게 다시 교육할 힘을 주는구나! 무엇보다 내가 부족할 수는 있으나 틀리지 않았다는 확신이 섰다. 됐다! 내게 직접 수업받은 학생이 나를 인정해 주는데 무슨 인정이 필요하단 말인가! 이 문제는 더 이상 생각하지 말자!

  사실 독서를 매개로 한 수업은 연극, 노래, ppt, 디베이트, 글쓰기, 그리기, 시 등 그 활동의 형태가 다양하다. 하지만 결과물도 비교적 쉽게 만들 수 있으면서 재미있고도 의미 있게 할 수 있는 게 ppt이기 때문에 구글 클래스룸 ppt로 접근하고 있다. 구글 클래스룸은 학생이 만들고 있는지 내 컴퓨터로 실시간으로 볼 수 있기 때문에 즉각 피드백이 가능한 장점도 있다. 발표할 때 발표 역량도 늘고 다른 친구들이 발표하는 걸 보는 것에서도 배움이 일어나니 ppt를 이용하는 것은 여러모로 참 장점이 많은 방법이라 생각하고 있다. 하지만 이보다 더 좋은 방법도 많이 있을 것이고 이 방법이 최고라고 생각하지도 않는다. 다만 아직은 내 깜냥이 여기까지이고 효율적이기도 할 뿐더러 나름 결과물이 좋기 때문에 더 좋은 방법을 찾기 전까지는 이 방법을 고수해 갈 것 같다.

눈물의 졸업식

글을 쓰면서 또 한 번의 졸업식을 치렀다. 또 울게 되었다. 그때의 감정이 아직 다 빠져나가지 않았다는 사실이 놀라울 따름이다.

사람은 마음을 쏟는 데 더 애착이 가는 것 같다. 올해 고3은 내가 담임이 아니었는데도 우리 반 아이들이 졸업하는 것처럼 마음 한편이 허

전했다. 우리 반은 아니었지만 그래도 내가 몇 년 동안 국어를 가르친 아이들이기 때문이었을까? 국어 수업 외 독서 수업, 싱글벙글 선택 수업, 체육 수업 등 많은 시간을 함께 했다. 또한 수업이 아니더라도 야간자율학습, 비전트립, 체육대회, 백일장, 진로의 날 행사, 교과 행사 등 학교 내외의 이런저런 일들로 계속 봐 왔다. 그러고 보면 참 많은 시간을 아이들과 같이 '살았던' 것 같다. 단순히 같은 공간에 있었던 것이 아니라 함께 존재하고 호흡했다는 느낌? 여학생들이 많았기 때문인지 이야기꽃이 피었을 때는 유난히 아기자기하고 웃음소리가 새가 지저귀듯 예뻤다. 삼삼오오 모여 찬양을 부를 땐 걸그룹을 보는 삼촌팬이 된 것 같은 착각에 빠졌었다. 나도 나이가 들었나 보다며 예쁘게 노래하는 아이들을 잠시 눈에 담고 다음 수업을 위해 자리를 조용히 이동했었다. 내 딸이 이 아이들처럼 크면 좋겠다 생각했던 적도 있었다. 그만큼 애착이 가는 아이들이다. 단지 우리 반이 아니었을 뿐이다……

  이런 아이들과 함께하며 때로는 기다리고 때로는 앞장서고 때로는 옆에서 예수님 가르침 그대로 실천하려고 노력했던 담임 선생님이 있었다. 아이들이 담임 선생님을 위해 특별히 준비했다며 선생님을 의자에 앉히고 공연을 하는 모습에서 선생님을 향한 사랑을 느낄 수 있었다. 왜 아이들은 선생님을 좋아했을까? 삶으로 아이들에게 감동을 주었기 때문이지 않을까? 선생님도 아이들을 잊지 못하겠지만 아이들도 펑펑 울었던 담임 선생님을 잊지 못할 것이다. 선생님도 아이들을 잘 만났지만 아이들도 선생님을 정말 잘 만났다는 생각이 들었다. 부부로 따지면 천생연분이라고 할까? 물론 다 괜찮은 아이만 있는 것은 아니었다. 속을 썩인 아이도 있었다. 그래도 참고 인정하며 품는 선생님의 가슴이 따스하고 넓었다. 그리고 그조차 그것대로 완벽하다는 생각이 들었다.

아이들을 보면서 인생은 끝이 아름다워야 하는구나 생각했다. 떠나는 이들의 모습이 그렇게 아름다울 수가 없었다. 학생의 모습이 이럴진대 교사인 나는 이것보다 더 아름다운 마무리를 할 수 있을까 싶었다. 시작은 좋았지만 끝이 안 좋은 사람이 있다. 반면 시작은 보잘것없지만 마지막은 꽃을 피우는 사람이 있다. 누군가는 참 불명예스럽게 떠나기도 했는데 우리 아이들의 마지막은 참 아름다웠다. 마라톤으로 비유하자면 42.195km의 긴 코스를 완주했다. 마지막까지 완주했기에 지금의 순간을 맞이할 수 있었다. 일등이 중요한 게 아니다. 완주했다는 게 중요하다. 나의 마지막도 아이들처럼 아름다웠으면 좋겠다. 한창 일할 나이라 은퇴를 생각하기엔 너무 이른 것 같지만 나도 은퇴할 때 아름답게 마무리하고 향기를 남기고 떠나야겠다.

낙화 - 이형기

가야 할 때가 언제인가를
분명히 알고 가는 이의

뒷모습은 얼마나 아름다운가.

봄 한철
격정을 인내한
나의 사랑은 지고 있다.

분분한 낙화……
결별이 이룩하는 축복에 싸여
지금은 가야 할 때.

무성한 녹음과 그리고
머지않아 열매 맺는
가을을 향하여
나의 청춘은 꽃답게 죽는다.

헤어지자
섬세한 손길을 흔들며
하롱하롱 꽃잎이 지는 어느 날

나의 사랑, 나의 결별
샘터에 물 고이듯 성숙하는
내 영혼의 슬픈 눈.

더치커피 33병

3병을 내렸다. 2월 18일까지 최선을 다해서 또 내려야 한다.

더치커피 2.0

　더치커피 병을 바꿔봤다. 첫 번째가 500ml, 두 번째가 250ml인데 250ml가 더 커 보인다. 사진의 속임수이니 속지 마시기를^^

　맨 처음에는 유리병을 샀다가 너무 비싸서 나중에는 와인병 스타일로 줬다. 이번에는 부피가 더 작은병에 스티커까지 붙여서줄 예정이다. 와인병보다 작아 보이지만 용량은 같다.

　커피를 줄 때는 무언가 줄 수 있다는 것이 감사하여 기분이 좋아진다. 관동별곡에 나오는, 애민정신과 선정에의 포부가 드러난구절과도 같은 마음이 든다.(밑줄 친 부분. 출처는 해법문학-고전운문 관동별곡에서 현대어 해설 부분)

　(내가 관찰사 방면을 받은 지역인) 회양이 옛날 한(漢)나라에 있던 '회양'이라는 이름과 공교롭게도 같구나. 중국의 회양 태수로 선정을 베풀었다는 급장유의 풍채를 이곳 회양에서 (나를 통해) 다시 볼 것이 아닌가?

마치 천 년 묵은 늙은 용이 굽이굽이 서려 있는 것 같은 화룡소의 물이 밤낮으로 흘러 내어 넓은 바다에 이었으니, (바람과 구름을 타고 승천하여 비를 뿌리는 전설 속의 용처럼) 바람과 구름을 언제 얻어 흡족한 비를 내리려느냐? 그늘진 낭떠러지에 시든 풀을 다 살려 내려무나. 잠깐 사이에 밤이 되어 바람과 물결이 가라앉기에, 해 뜨는 곳 가까이에서 명월을 기다리니, 상서로운 빛줄기가 보이는 듯하다가 숨는구나. 구슬을 꿰어 만든 발을 다시 걷어 올리고 옥돌같이 고운 층계를 다시 쓸며, 샛별이 돋아 오를 때까지 꼿꼿이 앉아 바라보니, 저 바다에서 솟아오르는 흰 연꽃 같은 달덩이를 어느 누가 보내셨는가? 이렇게 좋은 세상을 다른 사람 모두에게 보이고 싶구나.

받는 것도 좋지만 주는 것은 더 좋은 것 같다. 줄 수 있다는 것이 감사하고 섬길 수 있다는 것이 감사하다. 대학교 때 경영학 교수님께서 인간관계는 주고받는 것이라고 하셨는데 이왕이면 좋은 것을 주는 사람이 되라고 하셨다. 나도 이왕이면 좋은 것을 주는 사람이고 싶다.

스승의 날 롤링페이퍼

스승의 날 아이들이 준비한 상장, 꽃, 케이크 갑 티슈, 롤링페이퍼.

 상장 이름이 재미있다. 파워블로거 대상. "위 사람은 학교의 즐거운 일화들을 블로그에 소개하여 푸른꿈의 학생들을 빛냈으므로 이 상장을 수여함."아이들은 나를 생각했을 때 어떤 모습을 그렸을까?...... 상장을 보며, 그래도 내가 블로그에 글 쓰는 것을 유심히 봤나 보다 하는 생각이 들었다. 역시 아이들의 눈은 무섭다. 안 보는 것 같아도 다 보고 있다. 적어도 욕은 먹지 않도록 언어와 행동에 조심하고 모범을 보여야겠다.

 롤링페이퍼에 쓴 내용을 하나씩 읽으며 아이들에게 참 고마웠다. 물론 날이 날이니만큼 안 좋은 얘기는 하나도 없다.^^ 평상시 마음은 있지만 표현에 서툰 우리들...... 이럴 때를 통해서나마 아이들의 마음을 느낄 수 있으니 참 감사하다. 일방적인 관계는 오래갈 수 없으니 받고만 있을 수는 없다. 그래서 아이들 한 명 한 명에게 블로그를 통해서나마 답장을 보내기로 결심했다. 아래처럼 한 명 한 명 생각하며 답장을 달아보니 아이들의 노고를 조금이나마 느낄 수 있었다.

 문학적인 국샘
 샘 너무 프리해서서 좋아요. 오래 봐서 그런지 다른 쌤들보다 더 정감 가요. 항상 건강하세요.
　♥ 나도 네가 좋다. 중1 입학했을 때보다 웃는 횟수가 늘어서 너를 볼

때 안심이 된단다. 프리하다는 건 그만큼 쓸데없는 힘이 빠지고 수용성이 늘었다는 뜻이겠지? 네 말을 들으니 내가 전보다는 더 좋은 교사가 되어 가고 있는 것 같아서 기쁘구나. 조금씩이지만 날마다 아름답게 가꾸어 가는 너의 삶을 응원할게.

국쌤

종종 아프시지만 늘 힘찬 발차기와 샤우팅으로 우리의 힘과 기운을 주시는 국쌤! 늘 밝은 에너지로 국어 알려 주셔서 감사해요. 선생님의 수업 정성에는 점수로 보답하지 못했지만 유익한 시간들이었어요. 앞으로 국어 시간에는 못 만나지만 아재개그 기대할게요.

♥ '국어' 수업은 없지만 '자기소개서' 수업이 있으니 앞으로도 계속 볼 거야.^^ 보답은 점수가 아닌 삶으로 증명하면 좋겠고 굳이 보답을 하지 않더라도 너 자신의 삶을 살면 그게 보답이라고 생각한다.

국쌤

국쌤, 안녕하세요? 저 00이에요! 벌써 쌤과 수업한 지 3년이 다 되어 가는데 믿기지 않을 정도로 시간이 너무 빨리 지나간 것 같아요. 국어 수업을 하면서 진도만 나가는 것이 아니라 시도 쓰고 블로그도 써 보고 카드로 생각도 이야기하는 등의 활동을 함께 해서 지루하지 않고 졸업하고 나서도 기억에 많이 남을 것 같아요. 지금까지 수업 열심히 준비해 주셔서 감사해요! 남은 수업들도 잘 부탁드립니다.ㅎㅎ 다시 한 번 감사하고 사랑합니다.♡

♥ 고마워. 뭐든지 열심히 하는 네 모습을 보면 나도 기쁜데 하나님은 얼마나 기뻐하실까 하는 생각이 든다. 졸업하고 나서도 평생 문학 독자로 살고, 좋은 시 한 편에도 울 수 있는 가슴 따뜻한 사람이 되어서 세상을 아름답게 만들어 가면 좋겠다.

국샘
항상 유쾌한 개그와 환한 미소로 반겨 주셔서 감사합니다.
♥ 고마워. 항상 인사 잘하고 예의 바른 행동으로 조선 시대 태어났으면 멋진 양반이 됐을 텐데 하는 생각을 가끔 한다.^^ 너의 착함에 지혜가 더하기를 기도한다.

국쌤
항상 아침마다 조회해 주셔서 감사합니다. 그리고 항상 저의 시를 감명 깊게 들어 주셔서 감사합니다. I love teacher.
♥ 고마워. 누가 뭐래도 마이 웨이를 걷는 네가 참 멋있다는 생각이 든다. 네가 뭔가를 할 때 진지하지만 한편으로는 너무 진지해서 웃기고 재밌다. 그게 너의 매력인 것 같아.

경철 선생님
아재개그 티처 국쌤! 간호사가 입에 약을 너얼쓰. 선생님 아재개그 너무 재밌어요. 국어 시간이 너무 행복해질 정도예요. 오랫동안 수업해 봐서 좋았어요. 그동안, 또 그 이후로 잘 부탁합니다.

♥ 간호사가 입에 약을 너얼쓰(nurse), 이 개그를 기억하고 있다니 수업 시간에 집중해서 들었구나! 아직 보여주지 못한 너의 끼가 궁금하다. 시간이 지날수록 성장하는 네 모습을 보는 것이 즐겁구나.

이경철 선생님♡
 선생님 항상 좋은 모습으로 사랑해 주시고 부모님 같으신 마음으로 챙겨 주셔서 감사합니다. 앞으로도 많이 웃겨 주세요. 쌤 감사하고 사랑합니다.♡ 아프지 마시고 항상 건강하세요.♡
 ♥ 어떻게 그걸 알았지? 하나님께 감사하고 너에게 정말 너무 고맙고 감동받았다. 내가 너의 아버지가 될 수는 없어도 부족하나마 아버지 역할은 좀 해야겠다 생각했는데 그렇게 느꼈다니 너무 놀랐다. 너도 아프지 말고 건강하고 많이 행복해지렴.

이경철 선생님
 항상 재밌게 얘기도 하시고 항상 웃는 얼굴로 인사해 주셔서 감사합니다.
 ♥ 재밌다 생각해 줘서 고맙고 인사 잘 받아 줘서 고맙다. 언제나 밝게 사는 것 같아서 보기 좋다. 앞으로도 주위를 환하게 하는 긍정 바이러스를 널리 퍼뜨려 주렴.

국쌤 옛날에는 살짝 엄하신 모습에 쫀 적이 있긴 했는데 이제는 화도 잘 안 내시고 항상 재미있게 해 주셔서 감사합니다.

♥ 너에게는 미안하다는 사과를 먼저 해야 할 것 같구나. 너의 실수나 잘못에 내가 뭐라고 했거나 아니면 이건 아니다며 전체나 몇몇을 대상으로 무언가 훈계를 했을 테지? 상처가 됐다면 정말 미안하다. 샘도 부족한 사람이고 내면이 불안정할 때가 있단다. 다음에는 좀 더 지혜롭게 하도록 노력할게.

이경철 선생님께
선생님 저희하고 수업을 안 한 지 오래됐습니다. 그러나 선생님께서는 정말 재미있으십니다. 앞으로도 계속 잘 지내요.

♥ 먼저 다가와 주고 인사하고, 샘들과 함께 하려고 해서 참 고맙다. 앞으로도 계속 좋은 추억 만들어 가자.

이경철 꾹쌤!
항상 썰렁한 아재개그로 분위기 띄워 주셔서 감사해요!

♥ 쉬는 시간마다 좋은 음악을 들려줘서 나도 고맙다. 하나님을 찬양하는 너의 손이 복되다.

꾹 쌤~ 항상 재미있는 말들로 웃음을 주셔서 감사합니다. 항상 건강하시고 파이팅 하세요! 감사합니다.

♥ 고맙다. 덕분에 아침마다 찬양과 기도로 하루를 시작한다. 언제나 평안하고 하나님과 교제가 깊어지는 한 해 되길 바란다.

이경철 선생님

선생님 항상 감사하고 사랑합니다. 음료수 사 주시고 재밌게 해 주시고 감사해요. 쌤 국쌤 사랑해용♡

♥ 고마워. 다음에 또 맛있는 거 사 줄게. 모든 경험 속에서 의미를 찾고 이유를 헤아린다면 날마다 충만한 삶을 사는 데 도움이 될 거야.

경철 쌤

안녕하세요. 경철 선생님. 스승의 날을 맞이하여 편지를 쓰게 되었는데 늘 유쾌하게 웃으면서 재밌는 개그로 즐겁게 해 주셔서 감사합니다.

♥ 고마워. 점점 수업 태도가 좋아지는 것 같아서 보기 좋구나. 겸손하게 열심히 배우고 익혀서 너도 행복하고 남 주는 인생을 살면 좋겠다.

국쌤께

국어를 잘 가르쳐 주시고 재미있게 수업해 주셔서 감사합니다.

♥ 재미있다 생각해 줘서 고맙다. 이건 누가 썼는지 이름을 안 적어 놓아서 뭐라고 써야 될지 모르겠다.

국쌤

국쌤 안녕하세요. 저 00이에요. 수업 때마다 저희를 음악으로 잠도 깨워 주시고(...), 아재개그로 더운 교실을 시원하게 만들어 주셔서 감사해요~ ㅋㅋㅋ. 그리고 애들 국어 잘하도록, 좋아하게 되도록 여러모로 많이 노력하시는데 기대에 못 미치는 것 같아서 죄송할 따름입니다... 항상 재밌고 유쾌한 삶을 추구하시는 국쌤! 감사합니다! 앞으로도 잘 부탁드립니다. 파이팅! (ps. 삽화는 시간 날 때 조만간... 꼭 할게요...)

♥ 삽화에 대한 부담은 덜어도 돼. 그림 없으면 글로만 출판하면 되지 뭐. 이 없으면 잇몸으로 사는 거야~. 나는 너를 책의 그림작가로 세우고 싶어서 그런 거니까 부담은 갖지 말고 마음 내키는 대로 하면 돼. 그리고 수업 때 항상 집중하고 적극적으로 참여해 줘서 고마워.

이경철 선생님

잊을 만하면 새롭게 찾아오는 국쌤의 개그 덕에 학교생활이 덜 단조로워지는 것 같아요. 그리고 요새는 국어가 가장 재미있어요ㅎㅎ

♥ 드디어 네가 국어의 재미를 알았구나.!^^ 의무감이 아닌 즐거움으로 수업에 참여했을 때 얻어 가는 것이 더 많을 거야. 졸업할 때까지 즐거운 학창 시절을 보내면 좋겠다.

국선생님

쌤 저희 수업 같이 안 한 지 정말 오래됐지만, 마주치면 웃긴 듯 안 웃긴 장난도 쳐 주시고 말 걸어 주셔서 감사합니다 ㅎㅎ. 같이 수업해 주세용~

♥ 조만간 우리가 함께 수업할 날이 곧 올 거야. 그전에 쌤 수업을 듣고 싶으면 싱글벙글로 와^^. 요즘 밝아진 것 같아서 쌤도 기쁘다.

국쌤

항상 재밌는 수업을 해 주셔서 감사합니다.!! 쌤 커피가 젤루 맛있어용~!! 맛있는 것도 많이 사 주시고 좋은 격려 말씀도 해 주셔서 감사해용. 항상 힘이 되었던 거 같아요!! 졸업하기 전까지도 쌤이랑 함께 수업할 수 있어서 정말 좋아용!! 항상 건강하세용!!

♥ 고마워. 샘의 커피가 맛있는 이유는 무엇보다 사랑으로 내리기 때문이지.^^ 너의 재능들이 많은 곳에서 쓰임 받을 수 있도록 기도하마. 그러기 위해서 기회 있을 때마다 열심히 배우고 익혀 가길.

국쌤♥

국쌤~ 안녕하세요!! 국어 수업과 싱글벙글 수업이 선생님이 담당이셔서 정말 좋아요! 국쌤 덕분에 글쓰기에 자신감을 가지게 되었어요. 정말 감사합니다. 저는 국쌤의 웃음소리와 개그가 너무 좋아요~ 국어 수업이 없어서 아쉽지만 싱글벙글에서 수업을 해서 괜찮아요~ 앞으로 많이 웃어 주세요.

♥ 고마워. 글 쓰는 시간들을 통해서 네 안에 잠든 거인을 깨웠구나! 너의 찬양하는 목소리와 예의 바른 모습, 착한 심성이 정말 좋다. 국어 수업은 없지만 자기소개서 시간에 또 만나니 아쉬워하지 않아도 돼^^

국쌤

국쌤~ 이번 검정고시 준비하면서 수업도 열심히 해 주시고 항상 문제도 뽑아 주시고 응원해 주셔서 감사합니다~ 또 항상 저희를 먼저 생각해 주시고 배려해 주셔서 감사합니다~ 선생님 항상 감사합니다!!

선생님 파이팅!!

♥ 고마워. 이번에 너의 열심과 성실함을 봤단다. 내가 너를 잘 몰랐다는 생각이 들었어. 이렇게 열정 가득하게 목표를 향해서 준비하는 아이였다니! 삶의 자세가 좋기 때문에 하나님과 이웃에게 많은 사랑을 받을 거야.

국쌤

항상 국어 재밌게 가르쳐 주시고 잘 챙겨 주셔서 감사합니다.

♥ 고마워. 누가 썼는지 모르기 때문에 나도 자세히 답장하기 힘들구나. 다음에는 이름도 써 줘.^^

국쌤

항상 재밌게 해 주셔서 감사합니다. 싱글벙글 파이팅.

♥ 고마워. 싱글벙글에서 분량을 강조했는데 다음에는 좀 더 길게 써 주렴. 누군지 이름도 밝혀주고^^

국쌤

☆검정고시 캐어와☆ ☆저희들의 시와 이야기를☆ 보존해 주셔서 감사합니다.

♥ 고마워. 검정고시 준비도 하고 더불어 다양한 문학 작품도 감상해서 두 마리 토끼를 같이 잡자. 현재에 충실하되 더 큰 그림을 보며 준비해 가길 기도할게.

국쌤

국쌤은 정말 기발하시면서도 독특한 분이신 거 같아요. 그 유니크함. 저도 본받도록 노력할게요.

♥ 고마워. 샘의 개그에 맞장구치는 너의 순발력에 깜짝 놀랄 때가 있단다. 학교에서 많은 경험을 통해 좋은 글을 쓸 수 있는 소스를 많이 구하면 좋겠구나.

이경철 선생님.

쌤의 심장은 불타오릅니다. 쌤의 교훈은 이렇습니다…… 더치 원두가 있는데 잘 연습되고 많은 길들여짐을 통해 이 원두를 좋은 맛 낼 수 있도록 갈아야 하는데... 우리가 원두이고 경철쌤은 핸드드립.

♥ 고마워. 교사와 학생의 관계를 더치커피에 비유한 너의 발상이 참으로 신선하구나. 보자마자 흐뭇했다. 좋은 바리스타가 될 수 있도록 노력할게.

경철쌤께

선생님! 예전부터 쌤과 추억도 많고 함께 해 온 시간들이 많았는데요. 쌤께 좋은 추억 많이 담아드리지 못해 죄송해요ㅠㅠ 항상 저를 생각해주시고 챙겨 주시고 배려해 주셔서 감사합니다. 좋은 하루 보내시고 스승의 날 축하드려요~

♥ 고마워. 미안해할 필요는 없어. 지금 우리가 함께 있다는 사실이 중요하다. 지금의 모습도 충분히 은혜가 된다. 우리 같이 더 멋진 모습

으로 바뀌어 가자.

 언제부터인가 스승의 날이 가까워질 때마다 기존의 스승의 날을 좀 바꿔보고 싶다는 생각이 들었다. 앞으로 스승의 날은 선생님이 대접받는 날이 아니라 특별히 선생님이 학생들을 섬기고 대접하는 날로 바뀌었으면 좋겠다. 이것이 일반 학교와 다른 기독교대안학교의 모습이 아니겠는가? 아이들에게 받는 우리도 이렇게 기쁜데, 아이들도 받으면 얼마나 기뻐할까? 그래서 선생님이 학생 모두에게 롤링페이퍼를 쓰면 좋겠다. 내년에는 한번 실행해 봐야겠다. 선생님들이 써 주는 롤링페이퍼! 학생들에게 아주 의미 있는 선물이 될 것 같다.

팔씨름

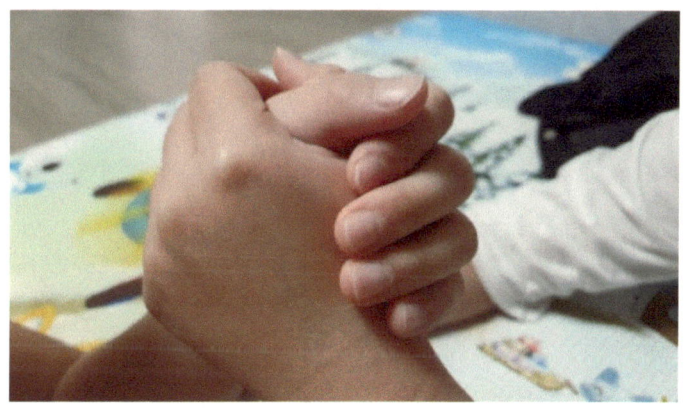

 오랜만에 아들, 딸과 팔씨름을 했다. 둘 다 많이 컸다. 힘이 많이 세졌다. 둘이 팔씨름을 시켜 봤다. 아직은 아들이 어려서 누나에게 진다.^^ 하지만 몇 년만 더 지나면 나보다도 더 힘이 세질 것이다.

더치커피 배달

꼭 보답하고 싶은 분이 계셨다. 이전 대안학교에서 입학상담을 했던 학부모님이셨다.

작년 4월 10년째 일했던 이전 대안학교에서 학교 재정 상황이 안 좋다며 일방적으로 해고를 당했다. 금요일에 통보받고 그 다음주 수요일까지만 출근이 허락되었다. 번갯불에 콩 볶아 먹듯이 진행되어 학부모님들께 인사도 못 하고 나오게 되는 어이없는 상황을 겪었다. 6개월 남짓 입학홍보 업무를 했지만 그동안 40여 분과 상담했다. 그중 5가정이 입학했고 나머지 35분께는 앞으로 학교로 직접 입학 문의를 해 달라고 연락을 드렸다. 그리고 나를 위해 기도를 부탁드렸다. 학기 중일 때 나오게 돼서 갈 곳이 없었기 때문이었다. 내 상황을 긍휼히 여기셨는지 많은 분들이 밥과 차를 사 주시고 모바일로 선물도 주시고 러브콜을 해 주셔서 오히려 고난이 축복이 되는 은혜를 경험했다. 편지의 함께 100만 원 수표를 주신 학부모님도 계셨다. 10만 원도 아닌 100만 원을…… 0 개수 세는데 믿어지지 않아서 몇 번을 세 봤었다. 나 같은 사람에게 이런 일이…… 이때 정말 너무 감사해서 무릎 꿇고 기도하고 펑펑 울었다. 물론 학부모님께 다시 계좌이체해 돌려 드렸지만 생각할 때마다 눈시울이 붉어진다. 인생에서 잊지 못할 아름다운 순간으로 기억된다.

이후 평소 존경하는 다른 학교 교장 선생님께서 건져 주셔서 학교 설립 멤버로 함께했다. 쉬면서 계속 실업 급여를 받고 학교 개교 준비를 할 수도 있었지만 교육 현장을 너무 오래 떠나 있으면 감을 잃을까 봐 2학기는 공립학교에 갔다. 공립은 10년 만이라서 날마다 새로움의 연속이었다. 잘 모르기 때문에 처음부터 파악해야 해서 시간이 오래 걸렸다. 남들은 쉽게 할 일을 정말 어렵게 한 일도 많았다. 공립에서 일하면서 학교 설립 모임도 병행했다. 정말 너무 바빴고 풀 파워로 한계치 이상을 살아 점점 소진되고 지쳐 가고 있었다. 그러다 방학을 맞이했고 아이들 생기부를 잘 써 주기 위해 줌(zoom)으로 30분 전후로 면담을 하거나 전화, 카톡으로 상담을 해서 생기부 작업을 마무리했다. 학생들이 등교한 적이 별로 없어서 아이를 모른 채로는 도저히 쓸 수 없었기 때문이었다. 생기부 일로 방학을 제대로 쉬지도 못했고 그러는 상황에서 학교 설립이 무산되었다. 다시 갈 데 없는 신세로 공중에 뜬 상태가 되었다. 이왕 이렇게 된 거 공립에 계속 있으려고 했는데 갑자기 대안학교에 제안을 받고 엄청나게 고민하다가 지금의 학교로 오게 됐다.

다시 새로운 학교에서의 적응 기간을 갖고 운전도 어느 정도 익숙해져서 드디어 이전 대안학교에서 입학상담했던 학부모님을 뵈러 갔다. 이전 대안학교에서 잘렸을 때 치킨 쿠폰을 주셨고 학교 설립 멤버로 학교 세운다고 했을 때 미션 펀드로 매월 후원해 주셨고 내 생일 때 또 치킨 쿠폰을 주셨었다. 중간에 택배로 더치커피를 한 번 보내드린 적이 있었는데 다행히 그때 주소를 저장해 놨었다. 주말에는 가족과 대부분의 시간을 보내려고 노력하는데 마침 우리 집 꼬마들이 자고 있었다.

학교가 멀어서 매일 6시 반에 일어나다 보니 - 화요일은 5시 30분에 일어난다. - 주말에도 일찍 일어나게 된다. 오늘도 자동으로 일찍 눈이 떠졌다. 뵙고 인사하고 오기에는 일러서 더치커피 5병만 문 앞에 살짝 두고 문자를 남긴 후 집으로 발걸음을 옮겼다. 이때 내 마음이 얼마나 기뻤는지 모른다. 마음은 진짜 보답하고 싶은데 너무 피곤하고 시간이 없어서 누군가를 만나는 게 부담인 상황의 연속...... 그 연속된 상황에서 비집고 들어갈 틈이 생겨서 드디어 작게나마 인사를 드렸다.

이 글의 어머니 외에도 나를 일으켜 세운 사람들이 수없이 많다. 모든 사람들에게 조금이나마 보답을 하고 싶다. 작년 추석을 전후해서 더치커피를 100병 넘게 내려서 드렸는데 올해는 아마 더 내려야 할 것 같다.

가족 독후감 대회 장려상 입상

제2019-051호

상 장

장려상

가족명 : 이경철 가족

귀 가족(이경철, ▇▇▇ ▇▇▇)은 2019 책 읽는 부평 '가족 독후감 대회'에서 두서와 같이 입상하였으므로 이 상장을 수여합니다.

2019년 11월 26일

(재)인천광역시부평구문화재단 대표이사

바빠서 지나치려고 했는데 아내가 응모하자고 해서 응모했다. 덕분에 책도 읽고 가족 간 소통도 할 수 있어 좋았다. 중간에 제출 기간이 연장되어 좀 더 잘 쓰려는 욕심에 거의 막바지에 냈다. 다음에는 기간 연장되기 전에 미리 써서 내야겠다. 국어와 독서, 글쓰기 수업을 하면서도 실로 독후감은 오랜만에 써서 응모했다. 장려상을 받아 감사하다.

수상식은 '2019년 부개도서관 특별프로그램 MusiCity 부평, 음악이 있는 도서관 - 영미문학, 재즈와 만나다' 전에 했다. 재즈 공연 때문인지 사람들이 많았는데 덕분에 많은 사람들 앞에서 상을 받았다. 순간 우리 학교에서도 가족 독후감 대회를 하면 좋겠다는 생각이 들었다. 정말 내년에는 한번 추진해 봐야겠다.

아래는 내가 쓴 독후감 전문.

푸른 사자 와니니를 읽고
"별이 빛나는 창공을 보고, 갈 수가 있고 또 가야만 하는 길의 지도를 읽을 수 있었던 시대는 얼마나 행복했던가? 그리고 별빛이 그 길을 환히 밝혀주던 시대는 얼마나 행복했던가?"
- 게오르그 루카치, 소설의 이론 중에서
처음 와니니를 읽으면서 머릿속에 그려지는 풍경이 이와 같았다. 여러 동물들의 모습과 사자의 습성을 알게 되면서 차차 대자연의 모습이 눈앞에 펼쳐졌기 때문일까? 살기 위한 사냥에 대해서는 죄를 묻지 않는 까닭인지 심지어 초원에서의 사자의 사냥도 낭만적이게 보였다. 하지만 지라니와 싱가가 마디바 무리에서 쫓겨날 때 이런 나의 낭만과 환상은 여지없이 깨지기 시작했다. 암사자들은 어른이 된 다음에도 무리에 남아 엄마들의 대를 잇지만, 수사자는 갈기가 자라면 무리를 떠나야 한다. 이것이 여느 사자 무리에서나 일어나는 일이고, 그것이 수사자의 운명이다. 또한 시련을 겪지 않고서는 어른이 될 수 없는, 어엿한 수사자가 되기 위해 당연히 거쳐야 할 일이다. 그럼에도 먹이가 없는 건기에 쫓김을 당하는 지라니와 싱가가 너무 측은했다. 이후 지라니와 싱가는 어떻게 됐는지 나오지 않는다. 암사자들과 무리를 이루었는지, 떠돌이 수사자가 되어 초원을 헤매고 있는지…… 아니면 와니니처럼 친구들을 만나 '지라니들', '싱가들'이 됐을까?……

와니니가 마디바 무리에서 쫓겨나고 외톨이가 되어 헤매다가 친구들을 만나며 겪는 일들을 보면서 동물의 세계가 인간 세상과 참 많이 닮았다는 생각이 들었다. 무리에서는 오직 우두머리의 명령에만 따라야 한다. 와니니가 지난 건기에 태어난 일곱 아이 중 살아남은 아이라는 것은 우두머리에게 중요하지 않다. 우두머리는 와니니를 어차피 오래 살지 못할 아이, 제대로 된 사냥꾼으로 자라지 못할 아이, 쓸모없는 아이로 낙인찍는다. 와니니는 작고 약하지만 누구보다 눈과 귀가 밝았다. 하지만 마디바는 와니니의 이런 재능을 모를뿐더러 알려고도 하지 않았다. 그래서 무투가 아들과 함께 마디바의 영토를 정탐해 말라이카를 해쳤을 때도 와니니의 말을 듣지 않고 오히려 말라이카를 다치게 했다는 이유로 와니니를 내쫓는다. 또한 피 냄새를 풍기면 무리에 위험이 될 수 있다며 상처 입은 말라이카도 내쫓는다. 이를 보면서 내가 살기 위해 타인에게 해를 가하는 모습이나 피해 보지 않으려는 우리 인간의 모습이 오버랩됐다.

하지만 작가가 전하려는 메시지는 이게 아닌 것 같다. 왜냐하면 이후 와니니는 아산테와 잠보를 만나고 자신에게 고약하게 굴었던 말라이카까지 만나 무리를 이루기 때문이다. 무리에서 쫓겨나는 것이 가장 무거운 벌이고, 무리를 잃고 혼자가 되는 것이 가장 무서운 일인 것처럼 그 누구도 혼자서는 살 수 없다. 비록 절름발이에, 쫓겨나고 버림받은 존재들이지만 서로 협력하며 삶을 이어 나간다. 이후 자신들을 쫓아낸 무리를 구하고 친구를 위해 목숨을 바친다. 삶이란 결국 함께 하는 데 의미가 있는 것이며 우리가 다양성을 인정할 때 진정 온전한 무리, 온전한 공동체가 되는 것은 아닐까? 같은 존재들끼리만 뭉쳐 있는 무리가 과연 진정한 무리라고 할 수 있을까? 아닐 것이다. 모든 존재들은 다 다르기 때문에 이런 무리는 존재하지 않을 것이다. 작가는 이를 와니니와 친구들을 통해 말하려고 했던 것 같다. 더불어 와니니가 숱한 고비들을 넘기며 무리를 구하고 결국 위대한 왕으로 탄생하는 순간에서는 이 소설의 성장소설적 요소를 느꼈다.

나는 아내, 딸, 아들과 무리를 이루어 살고 있다. 부개동, 부평구, 인천, 대한민국, 지구, 은하계, 우주라는 곳에서 여러 존재들과 무리를 이루고 살고 있다. 우리는 각각의 무리지만 한 무리의 다른 존재들이기도 하다. 이 책을 읽으며 우리가 알게 모르게 서로 연결되어 있다는 것을 다시 한번 알 수 있었다. 또한 가장 아름다운 삶이란 사랑하며 함께 하는 것임을 느낄 수 있었다. 자라나는 우리 집 와니니와 잠보 및 이웃집 아산테, 마디바, 말라이카, 무투에게도 삶이란 함께 하는 것이라는 것을 이 책을 통해 알려주고 싶다.

나무는 나이가 들수록 잎이 무성해진다.

요즘 마음이 뒤숭숭하다. 좋은 것을 위해 안 좋은 것을 감수하며 갈 것인가? 아니면 안 좋은 것으로 인해 좋은 것을 포기할 것인가? 만일 안 좋은 것으로 인해 좋은 것을 포기한다면 그건 정말로 좋아하는 것이 아닌 것인가? 아니면 너무 좋은데도 좋은 것을 포기할 정도로 안 좋은 것이 부담되고 그것에 짓눌리고 있는 것인가?

갈피를 못 잡겠다. 하나님께서 내게 무엇을 원하시는지 모르겠고, 내가 선택하려는 것이 맞는지 틀리는지 판단이 안 선다. 요새 쉼이 부족한 탓인지 내 정신력에 버그가 생긴 것 같다. 나의 선택으로 오히려 지금보다 더 힘든 삶을 살 수도 있다는 두려움이 앞선다. 하지만 지금 당장 숨쉬기가 힘들다. 불면에 시달리고 있다. 이대로 가다가는 내가 고장날 것만 같다. 내가 생각했던 것과 자꾸 멀어지고 있는 것에 감당이 안 될 때가 있다. 그리고 그 주기가 짧아지고 있다. 그럼에도 생계 때문에, 가족의 부양 때문에 거기에 타협하는 것만 같은 나 자신이 안쓰러워지고 내가 비겁한 것이 아닐까 하는 생각이 든다.

나는 정말 이 일을 좋아하고 앞으로도 계속 이 길을 가고 싶다. 하지만 현실은 그렇게 녹록하지만은 않은 것 같다. 확신을 갖고 이 일을 하고 있지만 어쩔 때는 한순간에 이 확신이 무너지고 이로 인해 삶의 방향 상실을 느낄 때조차도 있다.

그럼에도 교육을 향한 주님의 부르심은 변함이 없는 것 같다. 내 생각과는 별개로 나를 여기까지 이끄신 주님을 부인할 수 없기 때문이다. 어떻게 생각해 보면 나의 기독교대안교육으로의 여정이 이스라엘 민족의 출애굽과도 비슷한 것 같다. 출애굽을 해서 젖과 꿀이 흐르는 가나안을 향해 가고 있는데 여전히 이집트를 그리워하고 있는 것은 아닐까?

 순간 도피하고 싶은 마음이 들었다. 교육의 현장이 있는 곳이고 나를 필요로 하는 곳이라면 어느 곳이든 가고 싶다는…… 뭔가 새로움이 필요한 것일까? 생각해 보면 기독교대안교육을 선택했을 때도 이런 마음으로 시작했었던 것 같다. 하지만 내가 바란다고 해서 다 될 수는 없는 일. 40살이 된 나를 어느 누가 받아줄 것인가?…… 이런 생각에 머물자 진퇴양난에 빠진 것 같은 고립감이 밀려왔다.

 점심을 먹고 답답해서 비가 오는데도 우산을 챙겨 홀로 거리를 한 바퀴 돌았다. 문득 우중충한 날씨에 오히려 비를 머금어 선녹색을 짙게 풍기는 나무가 내 시선을 붙잡았다. 잠시 멈춰서 보는 순간 깨달았다. 나무는 나이가 들수록 잎이 무성해지는구나! 그렇다. 내가 괜히 나이만 먹은 것은 아니다! 그 나이에는 수많은 경험이 녹아들어 있다. 나의 경험을 필요로 하는 곳이라면 나는 충분히 쓸모가 있는 것이다. 그러니 기죽지 말자. 쇠락하고 사라지는 것보다 되어 가고 길러지는 것에 초점을 두자.

시간이 흐를수록 잎이 무성해지는 나무처럼
나이가 들수록 큰 나무가 되어
큰 그늘을 드리우는 삶을 살겠다.

4장. 하루하루의 기적

기독교대안학교의 열매

2024.02.12

제가 아프다는 소식을 듣고 이전 기독교대안학교에서 가르친 아이들이 찾아왔습니다. 올해 29살인 1기 졸업생부터 가장 최근에 졸업한 아이들까지 모였습니다. 그 때문에 서로 모르는 사이도 있었습니다. 저는 아이들을 다 알아서 이 사실을 나중에서야 깨달았습니다.

"샘을 보고 싶어하는 아이들이 20명 정도 되는데 샘 댁에 다 들어갈 수 있을까요? 사실 너무 많아서 20명 이후론 연락 안 하고 그냥 제 선에서 잘랐어요."

"오잉, 그렇게 많아? 음...... 식탁 치우고 빙 둘러앉으면 돼. 대신 의자가 없어서 허리가 좀 아플 거야. 그리고 인원이 많아서 저녁은 알아서 해결해야 해."

"샘, 그런 건 신경 쓰지 않으셔도 돼요. 저희가 알아서 할게요."

아이들이 집에 들어올 때 무슨 군대가 들어오는지 알았습니다. 장성한 아이들이다 보니 예상했던 것보다 집이 더 작게 느껴졌습니다.

그동안의 자초지종을 얘기했습니다. 뇌종양 4기에 걸리고 보니 저에게 100억을 준다 한들 아무 소용이 없고, 제가 죽은 후 처자식이 고생할 거 생각하니 가슴이 미어질 것 같고, 가장 큰 불효는 부모보다 자식이 먼저 죽는 건데 제가 본의 아니게 불효를 저지를 것 같다는 얘기를 했습니다. 그래서, 그렇기 때문에 돈, 돈, 돈 하지 말고 가장 고귀한 가치인 예수님을 붙잡고 살고 가족이 정말 소중하다고 했습니다.

이후 목사님(졸업생 아버지)께서 인도하셔서 함께 예배를 드렸습니다. 1:1로 아이들의 기도도 받는 호사를 누렸습니다.

따로 저녁을 해결하는 것도 일이라 먹고 가라고 했습니다. 집에 있는 라면이랑 만두 외 목사님께서 한턱내신 배달 음식이 어우러졌습니다. 실로 잔칫집 풍경이 벌어졌고 갈릴리 가나의 혼인 잔치를 보는 것 같았습니다. 5시 30분에 와서 10시 30분에 갔습니다.

아무리 생각해도 보잘것없는 저를 위해 이 인원이 동시에 모인다는 것은…… 하나님의 은혜로 생각하지 않을 수 없는 일입니다. 기독교대안학교의 열매는 우리 학생들이라는 확신이 들었습니다. 또한 천국이 다른 곳에 않고 여기가 천국이구나, 천국을 미리 맛본 행복한 순간으로 기억될 것입니다.

생의 찬란의 환의

예수 고난 체험

생의 찬란한 환희

사명자는 결코 죽지 않는다

뇌종양 4기

 기도해 주셔서 감사합니다. 갚을 수 없는 큰 사랑의 빚을 졌습니다.

 근황 전합니다. 뇌종양 4기로 2.21 서울대병원에서 수술을 받았습니다. 수술 후 바로 나아지는 줄 알았습니다. 건강했던 탓에 너무 무지했던 것 같습니다.

 오른쪽 팔과 오른쪽 다리를 못 쓰게 됐습니다. 더군다나 왼쪽 다리에 힘이 없어졌습니다. 제 뜻과 따르게 몸이 자꾸 기우는 것입니다. 낙상 주의를 실감하게 됐습니다.

 편마비보다도 언어 장애가 제일 곤욕스럽습니다. 국어 교사가 자음, 모음이 어렵다니…… 도저히 글자 조합이 안 되는 겁니다. 수술 당시에 비해서는 좀 나아지기는 했으나 여전히 헷갈립니다. 글씨 쓰기가 많이 어렵습니다. 두 자리수 숫자도 기억하기가 두 말하면 잔소리지요. 또한 말이 이해는 되는데 제대로 표현할 수가 없습니다. 이게 제일 답답합니다. 시간 차차 해결해 줄 거라 생각합니다.

2.28 서울대병원에서 퇴원 후 바로 서송병원(재활병원)으로 옮겨 왔습니다. 재활 치료 잘 받고 있습니다.

내가 없는 것을 생각하기보다는 내게 있는 것을 생각하기!
하나님께서 주신 덤으로 주신 인생 감사하며 살기!
훗날 간증하며 쓰임받으면 좋겠습니다.

계속 기도 부탁드립니다.

드디어 소변을 서서 볼 수 있게 됐구나

 제가 걷지 못할 거라고는 생각하지도 못했습니다. 걷는 데에도 오랜 시간이 걸린다는 것을 깨달았습니다. 재활 치료 받으면서 선생님의 안내에 따라 섰을 때 "오잉? 이게 서지네." 저조차도 깜짝 놀랐습니다. 이때가 3월 8일입니다. 두 발로 설 수 있는 기쁨은 잠시...... 설 수 있어서 볼일을 볼 줄 알았습니다. 근데 봉을 잡지 않으면 중심이 이내 무너져내렸고 다른 것을 할 수는 없었습니다.

 오늘은 봉 없이도 서게 되었습니다. 오른손 편마비인 제가 한 손으로 바지를 내릴 수 있게 된 것이죠. 드디어 소변을 서서 볼 수 있게 됐구나 생각하니 기뻤습니다. 하지만 발 떼기는 아직 불가능합니다.

 그럼에도 일상이 기적이고 하나님께 감사입니다. 당연하게 누려왔던 일상을 감사로 돌려드리는 시간입니다.

아빠 노릇

 자기 전 이를 닦았습니다. 딸이 휠체어를 미는데 갑자기 눈물이 나왔습니다. 주책없이 울면 안 되는데…… 가끔 눈물이 멈추지 않을 때가 있습니다.

 집에 오고 나서 한시도 눈을 떼지 않은 딸입니다. 제가 걸음 연습을 하리고 일어나기만 하면 넘어질까 봐 노심초사합니다. 화장실을 갈 때도, 밥을 먹을 때도 늘 신경을 씁니다. 이런 딸을 생각하니 감정이 확 밀려왔기 때문입니다. 아빠인 내가 울타리가 되어 줘야 하는데 오히려 네가 보호자 역할을 하고 있구나…… 장애가 생겼지만 어서 빨리 비슷하게나마 아빠 노릇을 할 수 있으면 좋겠습니다.

머리 빠짐

 방사선 치료는 주말 빼고 평일만 가고 항암약은 날마다 먹습니다. 3월 21일 방사선 치료 시작한 지 12일째(항암약 먹은 지 18일째)인 4월 8일 아침에 머리가 갑자기 빠지기 시작했습니다. 주변에서 많이 들어서 어느 정도 각오는 하고 있었습니다. 하지만 이토록 많이 빠질 줄은 꿈에도 몰랐습니다. 머리를 몇 번을 헹궈도 멈추지가 않았습니다. 헹구는 걸 포기하고 말리려는데 순간 저도 모르게 눈물이 왈칵 잠시 쏟아졌습니다.

 방사선 치료 16일째인 지금은 머리가 더 빠졌습니다. 머리털 많은 압살롬이 부러웠습니다. 머리 한쪽이 민둥산이 됐습니다. 수술 전 잘 정리된 머리와는 차원이 다릅니다. 밑머리만 있고 속머리는 없습니다. 가족이니까 봐주지 남들이 보면 혐오스럽겠다는 생각이 듭니다. 제가 봐도 혐오스러운데 가족은 오죽할까요……

하지만 한편으로는 웃긴 모습이기도 합니다. 가족들과 골룸, 모히칸족, 대머리독수리, 드래곤볼의 크리링, 스님, 영구, 엘비스 프레슬리를 나누며 한참을 웃었습니다.

낙담할 때도 있지만 가족의 사랑이 있어 감사합니다. 그리고 이와 더불어 기도해 주시는 많은 분들이 생각났습니다. 감사합니다.

딸의 편지

2024. 04. 18

♡ 아빠 ♡　　　　　　　　　　※ 울면 안됨!!

아빠, 생신 축하드려요 항상 사랑해요
저 잘 키워주셔서 감사합니다
우리 아빠 해주셔서 고마워요. 이정철 제 아빠진 잘이라서 행복해요

머리카락 빠지는거, 팔 불편한거 다 신경쓰지마세요
나는 아빠가 어떤 모습이든 다 멋지고 좋으니까
그거 하나님이 다 낫게 해주실거에요

기도 매일 매일 하고 있어요
걱정마세요

항상 행복하고 건강하게 우리가족 다 같이 오래오래 살아요!

아빠 사랑해 ♥

— 다윤올림

아빠　엄마　다윤　어선

딸의 편지입니다. 원래 생일이 음력입니다. 매해 생일이 바뀌는 것도 헷갈리고 지인들이 양력 생일을 챙겨 줘서 그냥 양력으로 쉽니다.

딸의 설명을 들어 보니 머리 빠진 저를 위해 가족들 다 머리 없이 그렸다네요. 저 때문에 다 대머리가 될 필요까지는…… 하트는 제가 사람들에게 사랑을 많이 받아서라고 합니다. 저도 그렇게 생각하고 있는데 딸이 동일하게 느끼고 있다니 감사할 따름입니다. 딸이 6살 때 그린 물방울 가족이 생각납니다. 문득 이런 말씀이 떠오릅니다.

(누가복음 7:40~43)

40.예수께서 대답하여 이르시되 시몬아 내가 네게 이를 말이 있다 하시니 그가 이르되 선생님 말씀하소서

41.이르시되 빚 주는 사람에게 빚진 자가 둘이 있어 하나는 오백 데나리온을 졌고 하나는 오십 데나리온을 졌는데

42.갚을 것이 없으므로 둘 다 탕감하여 주었으니 둘 중에 누가 그를 더 사랑하겠느냐

43.시몬이 대답하여 이르되 내 생각에는 많이 탕감함을 받은 자니이다 이르시되 네 판단이 옳다 하시고

'내가 사랑의 빚을 남들보다 많이 졌기 때문에 역설적으로 더 많이 사랑받는 것은 아닐까? 오히려 부족하고 더 많이 탕감받은 자이기 때문에 예수님의 사랑으로 더 많은 사랑을 주고 있는 것은 아닐까?'

살면서 받은 사랑을 어찌 다 갚을 수 있을까요? 갚을 수 없을 것입니다. 하지만 저희 자녀들이 이 마음을 잊지 않고 살아가면 좋겠습니다.

고마우신 우리 어머님들 (아내의 단톡방 이름입니다)

 재활병원에 있는 중 서울대병원에서 방사선 치료를 어떻게 해야 할지 고민이 많았습니다. 통원하기에는 거리가 너무 멀고 더군다나 당시에 걷기는 불가능한 몸 상태였습니다. 서울대병원 근처에 방에 얻는 것도 생각해 보았습니다. 하지만 아이들 때문에 아내가 상주해 있는 것도 힘들고 아내가 병원 갈 시간에 맞춰 온다고 해도 제가 보호자 없이는 거동이 불가능했습니다. 고민 끝에 힘들더라도 아내가 휠체어를 밀고 가기로 결정했습니다. 휠체어 끄는 게 얼마나 힘든지 아는 저로서는 아내가 무모해 보이고 불가능하다고 생각했습니다. 알아보는 중 서울시설공단에서 병원 치료 목적으로 휠체어환자 지원 제도가 있어 기도 요청을 드렸습니다. 집에서 신도림역까지만 간 후 거기서라도 차량을 이용할 심산이었습니다.

 이런 저희들의 상황을 아셨는지 하나님의 역사가 일어났습니다. 차량 봉사를 해 주시겠다는 분들이 생긴 것입니다. 한 분은 끝날 때까지 매일도 가능하다 하셨습니다. 결국 4분이서 요일을 정해서 차량으로 섬겨 주셨습니다. 할렐루야!

 어떤 사람들은 종종 제가 그동안 인생 잘 살아서 그렇다고 하셨습니다. 하지만 첫 대안학교에서 근무할 당시 입학 상담 때 몇 번 마주쳤고, 재학생 학부모셨던 인연이 전부입니다. 그것도 이미 몇 년이 지난 후의 일입니다. 그런 저를 위해 기꺼이 시간을 내어 주신 어머니들께 감사하지 않을 수 없습니다.

 섬기는 이유는 다양했습니다. 블로그 글을 읽고 입학상담 때 좋게 봐주신 분, "너 차 있잖아, 시간 되잖아?"라며 자꾸 생각나게 하셨다는 분, 입학상담 후 교회에 더치커피 전해드리러 찾아와서 감동받으셨다는 분, 내 남동생이라면 얼마나 애타게 기다렸을까 하신 분.

 왜 어머니들은 나를 긍휼하게 여기신 걸까 곰곰이 생각해 본 적이 있습니다. 나름대로 얻은 결론은 이렇습니다. "예수님을 믿어서이기 때문이다. 말씀대로 실천하기 위해서이기 때문이다. 이것 말고는 도저히 설명할 수 없다."

 어머니들 덕분에 항암 및 방사선 치료를 무사히 마칠 수 있었습니다. 감사합니다.

뇌에 색칠된 단상들 1

 1. 세상이 저와는 무관하게 흘러가는 것 같습니다. 제가 생각했던 세상의 중요했던 일도 저에게는 별로 중요하게 여겨지지 않습니다. 병원이 저에게는 세상 같습니다.

 2. 이따금 하염없이 먼 곳을 응시하게 되고 저도 모르게 멍때리게 됩니다.

 3. 어르신들을 보면 지금까지 어떻게 살아 계신걸까 하는 생각이 듭니다. 내일을 알 수 없는 저의 입장에서는 살아 계시는 것 자체로 대단하다는 생각이 듭니다.

 4. 고혈압, 당뇨 없고 담배, 술 전혀 안 합니다. 최대한 1만 보 걸으려고 노력했고 팔굽혀펴기를 100개씩 했습니다. 하지만 전혀 생각하지 않은 뇌에 암이 걸렸습니다. 그것도 4기 교모세포종! 아무리 노력해도

한 방에 훅 갈 수 있음을 깨닫습니다. 반대로 하나님의 플러스 알파의 도우심도 분명 있습니다.

5. 개인의 아픔은 개인적으로만 끝나는 게 아닌 가족 전체의 일이라는 생각이 들니다. 영향력이 클수록 지역사회, 국가, 세계의 일이고 사랑할수록 더 아픔이 클 것입니다.

6. 오른쪽 편마비로 일상 생활 자제가 굉장히 불편합니다. 제품으로 따지면 저는 불량품이 아닌가 하는 생각이 듭니다. 그럼에도 '귀요미', '내 사랑'으로 불러 주는 아내가 있어 고맙기도 하고 미안하기도 합니다.

뇌에 색칠된 단상들 2

7. 이제부터 저의 삶은 덤으로 사는 인생이라는 생각이 듭니다. 수술을 안 하면 3개월밖에 못 산다고 했습니다. 수술을 할 수 있어서 감사, 수술 후 살아 있으니 감사입니다. 덤으로 사는 인생 좀 더 사랑하며 살아서 따뜻한 사람으로 기억되면 좋겠습니다.

8. 큰 병으로 인해 타인의 고통에 더 공감할 수 있게 됐습니다. 그동안 오히려 건강했던 탓에 다른 사람의 아픔에 무심했구나 하는 생각이 듭니다.

9. 병실에서는 침대와 사물함 외 별로 필요한 게 없습니다. 톨스토이의 단편 소설 '사람에게는 얼마만큼의 땅이 필요한가'를 자연스레 묵상하게 됩니다.

10. 잘생기지는 않아도, 멋진 옷을 입고 다니지는 않아도 청결을 중

요하게 여겼습니다. 하지만 제 모습을 보니…… 오른쪽 편마비로 인해 발생하는 몸의 이상 징후들, 곧 안면 비대칭, 과도한 침 고임, 입술 무감각, 음식 묻음, 음료 흘러내림 등을 생각하면 식사를 같이 하는 상대에게 미안해집니다. 또한 삭발을 했지만 방사선을 쐬인 부분은 안 자라서 우스꽝스럽습니다. 이렇듯 제 모습은 볼품없습니다. 다행히 외모를 보지 않으시고 중심을 보시는 하나님이 계셔서 위로가 됩니다.

11. 혹시 내게 주어진 시간이 얼마 안 남았다면, 혼자 있을 때 무엇을 하는 게 가장 가치 있는 일일까 생각한 적이 있습니다. 곰곰이 생각해 봤더니 성경 읽기라는 답이 나왔습니다. 멈춰 있던 성경 5독 읽기를 다시 시작했습니다.

12. 아이들 사진만 보면 눈물이 납니다. 애들 키우는 재미로 살았습니다. 아이들이 너무 사랑스럽습니다. 다시 돌아가고 싶으나 현재 모습은 이렇고 미래를 기약할 수 없는 복잡한 심정 때문인지도 모르겠습니다. 부모가 되어 가는 과정인 것 같습니다.

MRI는 깨끗합니다

 6월 1일 피 검사를 하고 MRI를 찍었습니다. 6월 3일 오늘은 결과를 들으러 갔습니다.

 대기 중 간호사가 호명하여 교수님들 협진 방에 들어갔습니다. 수술한 교수님이 방사선 치료 끝나고 괜찮은지, 점점 좋아지고 있는지 물어보셨습니다. 짧게 "네."라고 내답했습니디(언어 장애 때문에 부연해서 말하고 싶어도 힘듭니다). 그러더니 "지금 MRI는 깨끗합니다."라고 말씀하셨습니다. 갑자기 훅 들어오셔서 얼떨결에 들었습니다.

 그리고 항암 치료에 대해 설명하기 시작하셨습니다. 항암약 테모달을 용량을 늘려 5일 먹고 3주 쉬고 5일 먹고 3주 쉬고 이런 식으로 총 6번 할 계획이라고 했습니다. 그러니까 이번 항암은 기간만 따지면 11월쯤 끝날 것 같습니다. 2사이클 지난 다음 MRI 다시 찍고 이 자리에서 다시 보자고 했습니다. 이후 궁금한 거 여쭤보고 난 후 나왔습니다.

제가 알고 겪어 본 바에 의하면 교모세포종은 지독한 놈입니다. 재발과 전이 가능성이 높아 미래를 장담할 수 없는 병입니다. 수술한 지 한 달만에 재발되는 경우도 있고 대부분 예후가 안 좋습니다. 그런 와중에 좋은 결과는 안심이 됐습니다. 가슴이 벅찼습니다. 적어도 2개월은 생명이 연장됐으니까요. 울컥하는 마음을 다스리고 있는데 아내를 봤더니 이미 울고 있었습니다. 함께 감사의 눈물을 흘렸습니다.

  히스기야의 생명을 15년 연장시켜 주신 하나님이 생각났습니다. 얼마나 살지 모르겠지만 남은 생애 주님 보시기에 기뻐하는 삶을 살고 싶습니다. 기도해 주시고 응원해 주셔서 감사합니다.

2차(06.03~06.07) 항암 후기

협진이 끝난 날 당일 저녁부터 항암에 들어갔습니다. 구토가 있을 거란 얘기에 항구토제인 카이트릴을 먹었습니다. 아주 약간 욕지기를 느꼈는데 혹시 모를 구토로 고생하기 싫어서 먹었습니다. 마지막 날에는 굳이 필요하지 않은 것 같아서 안 먹었는데 다행히 이상은 없었습니다.

하지만 정작 문제는 변비였습니다. 4일째 되는 날 신호가 왔는데 아무리 해도 안 나오는 겁니다. 1시간여를 씨름했습니다. 응가가 걸쳐 있어 포기하고 팬티를 입을 수도 없고 그렇다고 나오지도 않는 진퇴양난의 위기에 빠졌습니다. 항암보다 변비가 더 무섭다는 생각도 들었습니다. 진짜 어떻게 해도 안 되니까 결국에는 주님을 찾게 되더군요. 이런 식으로 주님을 찾기는 싫었는데…… 다행히 승리했지만 진이 빠져 이후 재활치료는 스트레칭이나 마사지로 부탁드렸습니다.

중앙내과센터 교육상담실 ※카이트릴 ; 테모달 복용 하기 30분전

IV. 경구 항암제 복용방법

❖ 처방된 항암제 이름 : (테모달)

❖ 복용시기 : 1일 (/)회 (아침, 저녁)
  ☑ 공복 (식사 1시간 전 또는 식사 2시간 후) 자기전
  ☐ 식사와 함께 복용
  ☐ 식후 복용
  ☐ 식사와 관계 없이 일정한 시간복용

❖ 복용량 : 아침 (   )mg
  [(   )mg x(   )개] [(   )mg x(   )개]

  저녁 (240)mg
  [(100)mg x(2)개] [(20)mg x(2)개]

❖ 복용기간 : ☐ 매일복용   5일복용
  ☐ (   )주 복용. (   )주 휴약   6/3 - 6/7
  복용기간 : (   )월 (   )일 ~ (   )월 (   )일 까지
  ☐ 방사선치료일에만 복용

죽고 싶을 때는 살게 해 주시고, 좀 살만 하니까 죽고 싶고…… 저를 보면서 인간의 간사함을 느꼈습니다. 더 이상 고통이 없었으면, 터널의 끝이 속히 끝나면 좋겠습니다.

당장 마그밀정 변비약을 하루에 3알 처방을 부탁했습니다. 먹고 나서 토요일은 어렵지 않게 배출했습니다. 다음 항암 때는 무조건 변비약 처방을 해서 미리 먹을 계획입니다.

표준치료(03.21~05.03) 때는 날마다 항암약을 먹었음에도 변비는 그리 문제가 되지 않았습니다. 아내랑 친구가 수제 요거트를 만들어 줬고 야채랑 과일을 잘 먹었기 때문입니다. 새삼 항암에 도움을 준 여러 손길들에 감사함을 느낍니다. 감사합니다.

감사

눈물 날 때 많지만 삶을 반추하면서 감사한 일들을 적어봤습니다.

1. 수술할 수 있음에 감사
 종양 위치가 안 좋거나 너무 늦었거나 기타 이유로 수술이 불가능한 환자도 있습니다. 수술할 수 있어서 감사합니다.

2. 천국을 맛보게 해 주심 감사
 가족, 친척, 지인들 외 제가 모르는 사람까지도 기도와 응원을 해 주셨습니다. 갚을 수 없는 사랑을 받으며 이곳이 바로 천국이 아닐까 생각했습니다.

3. 젊었을 때 걸린 것 감사
 대부분 뇌 질환 환자가 많고 저처럼 편마비, 언어 장애가 많다는 걸 알았습니다. 고령의 어르신들은 기운 달려서 재활이 힘든 경우를 많이 봅니다. 이왕 걸린 거 기운이 있을 때 아파서 감사합니다.

4. 하나님께 매달릴 수 있음에 감사
아무리 많은 돈도 무용지물입니다. 생명이 주께 있습니다. 하나님만이 소망입니다. 그래서 주님 더 붙잡습니다.

5. 남들이 경험하기 힘든 것 경험하게 해 주심 감사
뇌종양 4기는 아무나 걸릴 수 있는 게 아닐 겁니다. 선택받았다 생각하고 이 경험이 값지게 쓰이길 기대합니다.

6. 인지 쪽에는 멀쩡한 것 감사
뇌 질환 환자들은 대부분 편마비 혹은 언어장애가 있습니다. 심하면 인지 쪽에도 이상이 옵니다. 소프트웨어와 하드웨어의 괴리 때문인지 몸이 안 따라주는 것에 더 답답하게 느껴집니다. 그래도 정신이 온전한 것에 감사합니다.

7. 수술을 예고받은 후 수술실에 들어가서 감사
회사 회식 자리에 밥 먹다가 쓰러져서 일어나 봤더니 편마비였다는 분이 계십니다. 출산하다 뇌출혈 와서 아기 낳는 것도 못 보고 깨어나 보니 편마비, 언어장애였다는 분이 계십니다. 저도 수술 후 이렇게까지 될 거라 생각지도 못했습니다. 그래도 예고 후 수술대에 오른 것을 감사합니다.

8. 중력을 느끼게 해 주신 것 감사

누워서는 팔을 올리는 것이 좀 수월하고 탈구 걱정이 없습니다. 하지만 앉거나 서서는 중력의 영향을 받습니다. 제 팔이 이렇게 무거운지 몰랐습니다. 지구에 살면서 처음으로 중력이라는 힘을 실감하게 해 주셔서 감사합니다.

9. 신체의 소중함을 느끼게 해 주신 것 감사

휠체어 신세일 때는 다리가 나으면 제일 먼저 하고 싶은 일이 숨이 헐떡거릴 정도로 막 뛰는 것이었습니다. 그런데 걷다 보니 손의 소중함을 절실히 느꼈습니다. 손 하나를 잃는 건 사지 중 25%를 잃는 것이 아니라 75% 이상 잃는 일 같습니다. 신체의 소중함을 느끼게 해 주신 것을 감사합니다.

10. 말할 수 있음에 감사

의사소통에 문제가 생기니 너무 답답합니다. 언어 장애로 대화 중 순발력이 떨어지고 국어 교사였던 제가 제 뜻을 온전히 전달을 못하다니…… 말을 할 수 있다는 사실이 이렇게 감사한 일이었다니 새삼 느낍니다.

감사 2

11. 새로운 비전을 품게 하심 감사

뇌종양 4기 진단을 받으면서 하나님께서 저를 간증자로 세우시길 원한다는 생각이 줄곧 들었습니다. 살아 있는 동안 하나님께서 제게 역사하신 일을 간증하면서 쓰임받고 싶습니다.

12. 일상의 소중함 깨닫게 해 주심

당연시 되던 게 안 되기 때문에 일상이 크게 느껴집니다. 걷고, 밥 먹고, 차를 마시고…… 남들에게는 매일 똑같은 일상이 제겐 너무 특별합니다.

13. 살아 있는 것 감사

교모세포종은 재발과 전이가 높아 예후가 너무 안 좋습니다. 더군다나 동일한 병으로 수술 후 돌아가신 분의 마지막을 알고 있기에 수술 안 하고 죽으려고 했습니다. 못 걷고 팔도 못 움직이고 말도 못 하시고...... 의식은 있는데 소통이 안 되니 얼마나 답답하셨을까 그 답답함이 이해가 됩니다. 저의 마지막이 아프기만 한 모습으로 기억된다면 남겨진 가족들에게도 상처가 될 것 같았습니다. 수술을 안 하면 3개월밖에 못 산다고 했고 수술을 해도 연명치료라고 했습니다. 장애가 생겼지만 결과적으로 현재 살아 있음에 감사합니다.

14. 이해할 수 마음이 커진 것 감사

아파 본 사람이 아픈 사람을 잘 이해할 수 있는 것습니다. 헨리 나우웬의 '상처 입은 치유자'라는 책이 생각납니다. 저의 아픔이 타인을 더 이해하는 원천이 되었습니다.

15. 정보를 얻을 수 있으니 감사

제가 있는 재활병원에는 뇌질환 환자들이 많습니다. 그래서 증상이 거의 비슷합니다. 정도의 차이는 있지만 편마비, 언어장애가 대표적입니다. 증상이 비슷하다보니 재활치료도 비슷합니다. 선배 환자를 보고 듣고 따라할 수 있어서 감사합니다. 아직 못 걷는 분 중 저를 롤모델로 삼는 환자도 있으니 열심히 배워서 남 줄 겁니다.

16. 한 영혼이 천하보다 귀한 걸 깨닫게 하심 감사

긴 싸움으로 가야 할 길이 멀지만 여기까지 오기 위해서 수많은 분들이 애쓰셨습니다. 한 사람을 살리기 위해 이 생명 놓지 않으시고 매달려 주신 분들께 감사드립니다. 세월 지나면 아무도 기억해 주지 않을 인생, 티끌로 사라져도 아무렇지도 않을 제 인생을 보면서 한 영혼이 천하보다 귀하다는 걸 느꼈습니다.

17. 시간의 유한함을 알고 겸손할 수 있어서 감사

교모세포종 환자의 평균 생존율이 췌장암급이라고 하니 미래를 기약할 수가 없습니다. 자료를 찾아보면 다 나쁜 얘기만 있습니다. 제가 얼마나 살지 모르겠습니다. 죽을 수도 있다는 생각이 삶을 겸비하게 합니다. 하지만 장기 생존자 역시 존재하기 때문에 살아 있는 동안 아름답게 살고 싶습니다.

18. 삭발할 수 있음에 감사

삭발은 시도조차 하지 않았는데 개두술 전에 한 번 하고 지금까지 3번 했습니다. 방사선으로 빠진 머리가 자라서 전체가 골고루 자랄 때까지 한 10번 정도는 해야 될 것 같습니다. 삭발할 때마다 영화 '아저씨'의 원빈을 흉내낼 수 있어 감사합니다.

"충치가 몇 개냐? 나 전당포 한다. 금이빨은 받아. 금이빨 빼고 모조리 씹어 먹어줄게"

저는 이렇게 흉내냅니다.

"정상 세포 빼고 암세포 모조리 파괴시켜 줄게."

19. 부모님 믿게 해 주신 것 감사

2월 5일 학교 근처 종합병원에서 MRI 검사 후 뇌종양 진단.

2월 6일 조영제 넣고 MRI 재검사, 결과는 똑같음.

2월 8일 혹시 양성이지 않을까 희망을 품고 서울대병원에 갔는데 오히려 악성 뇌종양 4기 교모세포종 진단.

2월 9일 설날 연휴로 가족 모임. 저녁 식사 후 부모님께 병명 알림.

부모님께 죽을 수도 있다고 죽기 전에 유언이라 생각하고 하나님 믿으라고 전도를 했습니다. 그렇게 관심 없으셨던 부모님께서 현재는 교회 잘 나가셔서 감사합니다.

20. 그동안 장애 없이 살았던 것 감사

장애가 생기니 불편한 게 한두 가지가 아닙니다. 장애인의 시각으로 본 세상은 너무 빠릅니다. 몇 초면 건너는 신호등이 다급하게 기를 쓰고 건너야 합니다. 멍때리고 오르내리던 계단도 손잡이를 붙잡고 주의해야 오르내려야 합니다. 잃었을 때 소중함을 아는 것 같습니다. 그동안 장애 없이 살았던 게 감사합니다.

감사로 제사를 드리는 자가 나를 영화롭게 하나니 그의 행위를 옳게 하는 자에게 내가 하나님의 구원을 보이리라(시편 50:23)

십자가 고난

 아프면서 예수님의 십자가 고난을 자동적으로 묵상하게 됐습니다. 아! 예수님 얼마나 힘드셨을까!

 수술 전 스테로이드 주사를 일주일간 매일 3회씩 맞고, 각종 검사와 수술로 몸에는 주사기 자국이 생겨서 마루타가 된 기분이었습니다. 왼 팔에 주사기를 달고 다닐 때는 너무 불편했습니다. 안 그래도 오른팔을 못 움직이는데 주사기조차 왼팔에 꽂으니 행동에 너무 제약이 많았습니다. 주사기를 뗐을 때는 그렇게 개운할 수가 없었습니다.

 개두술(머리뼈 절개술) 후 소독하고 보름 넘게 머리를 못 감았습니다. 아직도 두피를 빡빡 감지 못합니다. 수술 후 소변을 스스로 못 봐 소변 줄 꽂고 소변을 빼냈습니다. 6일 동안이나 대변이 안 나와 약 먹고 그래도 안 돼서 결국에는 2번이나 관장을 했습니다. 분명 뇌가 명령하는데 나오지 않아서 미치는 줄 알았습니다. 이때 예수님께 하소연했습니다. "예수님, 소변줄 안 꽂아 보셨잖아요? 예수님, 응가 안 나와서 관장 안 해 보셨잖아요? 예수님, 머리 뚜껑 안 열어 보셨잖아요?"

 MRI 검사를 지금까지 6~7회 한 것 같습니다. 처음에는 안 힘들어서 난 MRI 체질인가 보다 생각했습니다. 하지만 이제는 MRI 찍는다고 하면 숨이 막힙니다. 거의 1시간을 계속 들어가 있고, 기계음 소리가 거슬리고, 움직이면 안 되는 부동 자세에 횟수가 누적되다 보니 고역입니다. 관에 들어가는 느낌이고 공황장애가 올 것 같다는 얘기에 공감합니다.

 병원 생활도 단조롭습니다. 그래서 병원은 병을 낫게 하는 곳이 아니라 병을 키우는 곳이라는 말이 있는 것인지도 모릅니다. 생동하고 약동하는 아이들이 있는 대안학교 현장이 그립습니다.

 항암, 방사선, 탈모, 편마비, 언어장애, 재활...... 의사 선생님의 긴 싸움이 될 거라는 말씀을 실감합니다. 긴 싸움의 어디 쯤에 서 있는지 모르지만 묵묵히 걸어가려고 합니다. 여러분도 힘 내시기 바랍니다.

사랑한다는 말 …

외박이 끝나고 재활병원에 가는 중 갑자기 카톡이 왔습니다.

// 선생님 안녕하세요! 00입니다!
선생님 생각이 나서 프로필을 보다가
수술 소식을 보게 되어 연락드렸습니다..!
지금은 건강이 많이 괜찮아지시고
계신 걸까요..!

제가 선생님께 꼭 드리고 싶은 말이 있습니다.
선생님은 저에게 유일한 정말 그립고 감사한 그리고 가장 존경하는 선생님이세요.
저를 아는 사람들은 모두 선생님을
알고 있을 정도로 저에겐 선생님과의
추억이 가장 소중하고 큽니다..!

그리고 가장 철없을 때 선생님에게
예의 없이 굴었던 제 모습을
아직도 후회할 때가 많습니다..

선생님이 아프시다는 소식을 알고 나서야 제 마음을 꺼내어 너무 죄송합니다..
진작 안부연락 먼저 못했던
제가 정말 야속하기만 합니다..

선생님! 건강을 회복하고 계시는
선생님의 매순간, 매시간을
제 온 마음 다해서 정말 마음 깊이
선생님을 응원하고 있을 겁니다!
절대 잊지 않고 항상 제가 선생님을
응원하고 있다는 것을 꼭 알아주세요!

혹시나 통화가 어려우실까 봐 카톡 드렸습니다..!
선생님 괜찮으실 때 찾아뵙고 싶습니다.

- 00 올림 //

답문을 보냈습니다.

// OO아 고마워.

수술 잘 끝나고 재활 중이야.

그동안 있었던 일을 글로 정리했어. 나중에 읽어 봐. 가끔 소식 전할게.

OO이도 내가 가르치는 학생들에게 노래 잘 부르는 제자로 자랑하고 다닌단다.

그땐 내가 철이 없어서 너희들이 고생했지^^ //

다시 온 답문입니다.

// 선생님!

수술이 잘 끝나셔서 정말 다행이고 기쁩니다..! 사실 소식을 보고 바로 연락을 드리지 못하고 어떻게 제 마음을 표현하고 말씀드려야 할지 며칠을 고민하고 또 고민했어요..!

저를 자랑스럽게 생각해 주셔서 정말 감사해요! 선생님은 제가 어렸을 적 만난 어른 중에 가장 어른이시고 존경하는 분이셨어요.

시간이 지난 지금에도 모든 기억이 선명합니다. 고등학생 때도 선생님과 연극도 보고 이야기 나누었던 그때도 너무나 소중한 추억들입니다! 정말 감사했습니다!

날이 많이 습하고 더운데 늘 건강 조심하셨으면 좋겠습니다! 저는 항상 선생님에게 가장 건강하고 밝은 마음과 힘을 보내고 있겠습니다! 선생님 답장 주셔서 감사합니다!

  사랑합니다 선생님! 😊 💞　//

2009년 부천에 있는 중원고에서 가르쳤던 여학생입니다. 노래 경연 프로그램에도 출연했었고 지금은 데뷔해서 가수가 된 아이입니다.

  사랑한다는 말…… 참 가슴 따뜻한 말입니다.

인생은 뭘까

  병원에서 외박 나갈 때 집에 갈 때는 버스를 탑니다. 하지만 정류장까지 걷고 기다리고 내리고 집까지 도착하는 데 1시간 반 정도 걸립니다. 더군다나 몸이 불편한 저를 아내가 병원으로 데리러 와야 하는 번거로움이 있습니다. 버스는 자신이 없지만 택시는 혼자서 타고 갈 수 있겠다는 생각이 들었습니다. 그래서 택시를 불러 처음으로 집에 혼자 가봤습니다.

  기사님이 서송병원은 처음이라고 하시길래 뇌질환 전문 재활병원이라고 말씀드렸습니다. 환자들 및 증상 얘기를 하다가 제 상태를 말씀드렸더니 기사님께서 본인 얘기를 하셨습니다. 기사님 나이가 현재 70살인데 기사님이 군대 있을 때 아버지께서 뇌경색으로 쓰러지셨다고 합니다. 이후 언어장애랑 편마비가 있었고 9년 더 사시다 돌아가셨다고 합니다. 그때는 재활 이런 것도 없던 때라서 어머니께서 수발을 드시고 참 고생이 많으셨다고 합니다. 두 분이 같이 고생하시는 모습을 보면서 막말로 죽는 게 더 낫지 않나 하는 생각도 들었다고 합니다. 그만큼 힘든 병인데 뇌종양 4기 환자가 살아 있는 것도 의아하고 어떻게 이렇게 밝을 수 있냐고 존경스럽기까지 하다고 하셨습니다.

"손님이 저보다 나이는 적지만 인생의 그 뭡니까 초연? 달관이랄까? 그 비결이 뭡니까?"
"제가 사실 예수님을 믿거든요. 현실을 생각하면 답이 없습니다. 저도 처음에는 엄청 울었고 아직도 가끔 울 때도 있습니다. 하지만 산 소망 되시는 예수님을 믿고 삽니다."

이후 더 얘기를 하다가 집 앞에서 내렸습니다. 내릴 때 편마비라서 좀 걸린다고 했더니 뒷좌석까지 오셔서 부축을 해 주셨습니다. 감사하다고 인사를 했는데 저보다 더 고개를 숙이셨습니다. 제 왼손을 두 손으로 꼭 쥐고 무언의 응원을 해 주셨습니다. 안타까워하는 눈빛에 울컥하는 눈물을 다스리고 돌아섰습니다. 몇 걸음 후에 고맙다고 다시 인사를 했습니다. 택시를 세우신 채 담배 한 대 피우시는 모습이 보였습니다. 70년이나 살았지만 인생은 뭘까 하고 묻는 것 같았습니다.

ional dreaming

5장. 자각몽

자각몽

 새벽에 꿈을 꿨습니다. 이게 웃긴 게 꿈 내용이 제가 뇌종양에 걸리는 꿈이었습니다. 근데 꿈결에 갑자기 이런 생각이 들었습니다.

 '어라? 난 이미 암에 걸렸는데…… 뭐지? 이게 꿈인가 생시인가? 현재 암에 걸려 있는데 꿈 속에서 다시 암에 걸리는 건 모순이다. 그러므로 이건 현실이다. 꿈에서 암에 걸린 거라면 현실에서는 아직 안 걸린 거 아닌가? 우와! 그럼 나는 암에 걸린 게 아니구나!'

 하면서 기뻐하며 웃으면서 깼습니다. 깨고 나니 암에 걸린 현실을 자각했습니다. 약간 씁쓸했지만 그래도 기분 좋은 꿈이었습니다^^

폐지 줍는 어르신

 오늘 외박은 병원 근처에서 아내와 저녁을 먹고 대중교통을 이용해 가기로 했습니다. 남들에게는 쉬운 일이지만 저에게는 도전이었습니다. 원래는 혼자 가려고 했지만 지나고 보니 욕심이고 아직은 무리입니다. 아내가 있기에 가능한 일입니다.

 걸어서 계산역에 도착했는데 계단이 이렇게나 많았다니...... 평지도 간혹 헛디디는데 혹여나 넘어지는 순간에는 재활이고 뭐고 얄짤없겠다는 생각이 들었습니다. 아직은 발목이 잘 안 들려서 계단을 오를 때 다리가 끌립니다.

 거의 7개월 만에 전철을 타 봤습니다. 앉을 자리를 살피는데 장애인석이 비워져 있길래 앉았습니다. 간사하게도 몸이 불편하니 이런 건 좋구나 하고 생각했습니다.

버스를 탈 때는 저상 버스가 있다면 좀 더 편할 텐데 하는 생각이 간절했습니다. 병원 밖 일상생활을 하면 할 수록 안 보이던 불편이 보일 것 같습니다.

버스에 내려 집에 거의 도착했는데 한 어르신이 무단횡단을 하려는 모습이 보였습니다. 허접한 접이식 카트에 폐지를 엉성하게 쌓아 올려서 금방이라도 무너질 듯 위태로워 보였습니다. 아내가 카트를 옮기려는 순간 폐지가 무너졌고 카트에 손을 얹은 어르신도 넘어졌습니다. 차가 못 지나가고 어떤 차는 피해서 지나가고 좀 정신이 없었습니다. 아무튼 여차저차해서 무사히 건너고 잠깐 대화를 나눴는데 알아들을 수가 없었습니다.

이 상황을 지켜보면서 문득 머릿속에 이런 생각이 스치고 지나갔습니다. '아, 몸이 아프면 도와드리고 싶어도 못 도와드리는구나!' 몸이 멀쩡하면 5초면 끝날 일인데 몸의 불편함이 더 크게 다가왔습니다.

집에 와서야 알았습니다. 손만 떼면 안 넘어질 수 있는데 경직으로 넘어지셨고 지팡이를 짚고 다니시고 언어장애가 있는 사실로 미루어 볼 때 어르신이 뇌경색이나 뇌출혈이 있는 분이라는 사실을……

폐지 줍는 것도 서러운데 편마비와 언어장애까지 얼마나 힘드실까, 삶이 참 힘겹겠구나 하는 생각에 마음이 불편했습니다.

누군가를 도울 수 있을 정도로 몸이 더 회복되면 좀 더 착하게 살아야겠습니다.

걷는 게 뛰는 것보다 더 빠른 사람

걷는 게 뛰는 것보다 더 빠른 사람?

바로 접니다. 일명 우사인 너트 빠진 볼트입니다.(우사인 볼트를 알고 계시는 분만 이해가 되실 듯······)

수술 후 일어서지도 못했을 때가 있었는데 이제는 걷습니다. 하지만 절름거리고 가끔 중심을 잃어 아직도 넘어지지 않도록 조심해야 합니다.

이렇다 보니 뛸 생각도 못 했습니다. 선생님이 제자리 뛰기해 보셨냐고 물었을 때 걷기도 제대로 안 되는데 뛴다는 건 신선했습니다. 뛴다는 개념 자체가 머릿속에서 사라진 저로서는 뛰게 된다면 얼마나 좋을까 생각만 해도 신나는 일이었습니다. 안 되니까 할 생각 자체를 못 했구나, 생각도 고착화되면 위험하구나 생각하고 제자리 뛰기를 시도했습니다. 오른발이 왼발에 끌려올 뿐 뛰기라고 하기엔 우스꽝스러운 모양새였습니다.

추석 때 운동하려고 아내와 마실을 나갔습니다. 처음엔 근처 작은 산에 가려고 했는데 입구가 봉쇄되어 있었습니다. 발길을 돌려 나간 김에 딸이 먹고 싶다던 햄버거를 사러 갔습니다. 추석 당일이라 그런지 맘스터치, 롯데리아 모두 닫혀 있었습니다. BBQ에 햄버거도 판다고 전단지에서 본 게 있어 BBQ에 갔지만 치킨만 파는 곳이었습니다.

평소 걷던 거보다 많이 걸었습니다. 걷다가 보니 바깥으로 새던 다리가 일자로 나가려고 하는 게 느꼈습니다. 발을 들어올리고 착지를 할 때 중간에 다리가 바깥으로 원을 그렸었는데 이 원 그리는 게 줄었습니다. 신기했습니다.

이때부터 걷는 게 더 즐거워졌습니다. 여기서 더 나아가 뛰어 볼 생각을 해 봤습니다. 하지만 안 뛰어질 뿐더러 역시 폼이 영 아니올시다였습니다.

9월 21일 병원 1층에서 걷기 연습을 하는데 아무도 없었습니다. 이때다 싶어 폼은 신경 안 쓰고 마음껏 뛰어 봤습니다. 뛰는 게 더 느린 것 같아서 구간을 정해 놓고 시간을 재 봤습니다. 역시나 뛰는 게 더 늦었습니다. 그래도 몇 번이나 뛰면서 감격의 눈물이 났습니다. 뛰어지는

구나, 나도 뛸 수 있다! 잘하면 몇 달 안에 뛸 수 있지 않을까 하는 희망이 생겼습니다. 일단은 뛰는 게 걷는 것보다 빨라지는 게 목표입니다.

그동안 다리 쪽 변화는 거의 없는 것 같아서 기대를 별로 안 하고 있었습니다. 그저 많이 걷다 보면 막연히 좋아지겠지 생각했습니다. 그래서 팔에 집중을 했었는데 뜻밖의 변화가 생겨 추석에 하나님께 선물을 받은 것 같습니다.

부모님의 세례식

10월 18일 금요일에 어머니께 연락을 받았습니다. 이번 주일에 아버지와 함께 세례를 받는다고 했습니다. 믿은 지 얼마 안 됐는데 세례는 너무 이르지 않나 싶어 당황했습니다. 참석 여부를 물어보셨는데 가고 싶지만 몸이 이래서 힘들다고 했습니다. 그래서 부모님을 교회로 인도해 주신 권사님께서 꽃다발을 대신 준비하시겠다고 하셨습니다.

토요일에 집으로 외박 나가서 같은 내용으로 어머니와 통화했습니다. 권사님께 고마워서 감사 인사라도 드려야겠다 생각해 번호를 알려달라 했습니다. 걸자마자 눈물이 터졌습니다. 제가 있어야 할 자리인데…… 권사님께서 챙겨주셔서 감사하다고 눈물로 인사드렸습니다.

아내가 이 모습을 보고 내일 가자고 했습니다. 부랴부랴 작전을 세우고 과일 바구니를 만들고 본 교회 주일 교사방에 늦을 수도 있다고 카톡을 보냈습니다.

가고 싶지만 현실을 생각할 때 무리일 것 같아서 포기했었습니다. 저 혼자서는 제 몸뚱이조차 감당이 안 되기 때문입니다. 하지만 아내가 동행한다고 하니 든든해졌습니다. 불가능을 가능으로 만드는 아내입니다.

집에서 버스를 타고 부개역까지 간 후 신도림역에 내려서 다시 버스를 타고 도림교회에 도착했습니다. 정상이라면 그리 어려운 일이 아니었겠지만 이동 자체가 저한테는 일입니다. 다행이도 여유 있게 도착해서 9시 예배를 드렸습니다.

걸어 나가서 축하를 할 때 절름거리는 모습을 보시면 마음 아파하실 것 같아서 최대한 정상으로 걸으려고 했습니다. 하지만 경직이 와서 뻣뻣한 모습을 보이고 말았습니다. 경직은 앉았다 일어날 때, 추울 때, 긴장할 때, 하품할 때, 한 자세에서 오래 있다가 움직일 때 등 다양하게 옵니다.

어머니는 세례를 서서 받으시고, 끝나고 계단 내려오실 때는 부축을 받았습니다. 갑자기 어머니의 늙음이 더욱 실감이 나서 우탁의 탄로가가 생각났습니다.

한 손에 막대 잡고 또 한 손에 가시 쥐고/
늙는 길 가시로 막고 오는 백발 막대로 치렸더니/
백발이 제 먼저 알고 지름길로 오더라

교회 가는 것을 그렇게 싫어하시던 분들이 제가 2월에 뇌종양 4기 진단을 받자마자 바로 교회에 나가셨습니다. 지금은 잘 나가시고 이렇게 세례도 받으시는구나 생각하니 감개무량하였습니다. 한편으로는 인생의 큰 숙제에서 놓임을 받는 것 같은 기분이 들었고 다음 말씀이 떠올랐습니다.

주재여 이제는 말씀하신 대로 종을 평안히 놓아 주시는도다
(누가복음 2:29)

하나님 감사합니다. 도림교회 감사합니다. 대학생이 된 후 믿기 시작하고, 세례를 받고, 순장이 되고, 임원이 되고, 비전트립을 가고, 아내를 만나고, 부부 순모임을 했던 곳, 인천으로 이사하고도 2년 동안 영아, 유아를 데리고 대중교통으로 이동해 예배를 드렸던 곳, 저의 첫 교회인 도림교회입니다. 오늘 이 자리에서 부모님의 세례식을 보게 해 주셔서 감사합니다.

마지막 항암

지금까지의 항암을 정리해 봤습니다.

03.21~05.03 표준치료(항암약 120mg 44회, 방사선 30회)
06.03~06.07 1차 단독항암(항암약 240mg)
07.01~07.05 2차 단독항암(항암약 340mg)
07.29~08.02 3차 단독항암(항암약 340mg)
08.26~08.30 4차 단독항암(항암약 340mg)
09.23~09.27 5차 단독항암(항암약 340mg)
10.21~10.25 6차 단독항암(항암약 340mg)

총 7차의 항암이 끝났습니다. 이번에는 푸룬주스의 힘을 빌리지 않고 요거트를 계속 먹었습니다. 푸룬주스를 마시면 배가 부글부글 끓다가 갑자기 화장실에 가서 어디 갈 수가 없었습니다. 또 비워냈을 때는 좋은데 결국은 배가 다시 차야 응가를 볼 수 있고 다시 차기까지는 속이 불편한 어려움이 있었습니다.

10.25 금요일 자기 전까지 항암약을 먹고 이제는 끝이다라고 생각하니 너무 기분이 좋았습니다. 토요일에 외박 나가서 기력을 회복하고 가족을 볼 생각을 하니 주말이 기다려졌습니다.

토요일은 딸이 선생님들, 친구들과 인천아시아드 주경기장에서 인천과학대제전 생태 부스를 운영한다고 하여 잠깐 방문했습니다. 사람들이 엄청 많았습니다. 전철보다도 힘들었습니다. 계단을 오르고 내릴 때 뒷사람의 압박을 더 느꼈습니다. 전철은 목적지에 따른 이동 방향이 정해져 있습니다. 또 보통 한 방향으로 이동하고 마주 오는 사람들이 보이기 때문에 움직임이 충분히 예상이 됩니다. 하지만 여기서는 목적지를 예상하기 어렵고 사람들이 사방팔방으로 이동하기 때문에 혼란스러웠습니다. 방향 전환이 어려운 저로서는 부딪칠까 봐 더 조심하게 되었습니다. 몸의 경직도 그렇지만 마음이 주눅 들어 어려웠습니다.

항암이 끝난 기쁨도 잠시 집으로 돌아오는 길에 한없는 좌절감을 맛보았습니다. 이런 것도 어려워하다니 몸이 안 따라 주는 제가 한심해 보였습니다. 버스 창밖을 멍하니 바라보고 저도 모르게 눈시울이 적셔지는 걸 꾹꾹 참았습니다.

주말에 잘 먹고 회복된 줄 알았습니다. 하지만 10.28 월요일에 기운이 없고 화요일이 돼서도 병든 닭저럼 축축 쳐졌습디다. 러닝머신을 2로 놓고 탔는데도 9분도 못 걷고 중간에 내려와서 병실에서 쉬었습니다. 변 보기가 힘들고 응가도 검은색으로 염소똥처럼 나왔습니다.

 수요일에 몸이 약간 가벼워지더니 회복될 기미가 보였습니다. 목요일에는 정상 응가 색깔이 나오기 시작하고 억지로 힘을 안 주어도 응가 보는데 문제가 별로 없었습니다. 금요일에는 일어났는데 기분이 절로 좋았습니다. 개두술하고 깨어났을 때보다는 덜하지만 생의 역동성이 몸을 휘감는 느낌이 들었습니다. 이제 항암도 끝났고 몸의 기력도 돌아오기 시작하고 감사했습니다. 순간 비상하는 새가 났습니다. 항암이라는 족쇄를 풀고 새장을 벗어나 창공을 자유롭게 나는 새! 그리고 다짐을 했습니다.
 "그래, 나는 새처럼 자유롭게 날 것이다."

 ※ 11월 16일 MRI와 피 검사를 하고 11월 18일 협진으로 결과를 듣습니다. 이상이 없으면 3개월마다 추척 관찰합니다. 재발이나 전이, 감염이 없도록 기도 부탁드립니다.

유레카(발가락의 비밀)

 월, 수, 금은 저녁 먹고 또 1시간 치료가 있습니다. 대부분 팔을 하다가 끝나기 몇 분 전에 선생님께서 다리(걸음걸이)를 봐 주십니다.

 다리를 봐 주실 때였습니다. 선생님은 앉고 저는 서서 마주봤습니다. 선생님의 오른쪽 어깨에 제 왼팔을 얹고 저의 왼 무릎을 선생님의 오른쪽 무릎 위쪽으로 올려서 기댔습니다. 이후 왼손을 떼고 오른발만으로 중심을 잡으라고 했습니다. 중심을 잡으려고 하면 발가락이 말려(오그라들어) 어렵다고 했습니다. 갑자기 발가락 모양을 좀 보자고 하시면서 매트를 가져오셨습니다. 양말을 벗고 똑같은 자세를 취했습니다. 이렇게 말리는 건 괜찮다고 하시면서 말리는 이유를 설명해 주셨습니다. 여러 가지를 얘기하셨는데 몸의 중심이 과도하게 앞으로 쏠렸을 때 이럴 수 있다고 하셨습니다.

 순간 깨닫는 게 있어 끝나고 바로 한번 해 봤습니다. 발가락이 말리는 이유가 몸보다 마음이 앞서가서 그런 것 아닐까? 마음은 이미 걸음을 뗐는데 몸이 아직 안 따라줘서...... 그리고 설령 발가락이 말릴 때 오히려 힘을 빼고 한 템포 쉬고 나서 걸으면 되지 않을까? 그냥 애초에 발가락이 안 말리게 하면?...... 이 생각을 하고 시도해 보니 되는 겁니다. 유레카! '아! 비결은 마음을 풀어주는 데 있구나, 의식하지 않은 것이 발가락의 비밀이다.' 할렐루야! 하나님 감사합니다!

  이전까지는 발가락이 말릴수록 안 넘어지려고 발가락에 힘을 더 줬었습니다. 힘을 더 줄수록 경직이 생기고 조금 걷다 보면 경직이 사라졌었습니다. 정상일 때는 제 걸음이 남들보다 좀 빠르다는 얘기를 많이 들었었습니다. 얼마 전까지도 선생님께 천천히 걸으라는 얘기를 간혹 들었으니 말 다했죠. 빠르게 많이 걷기보다 자세를 신경 쓰면서 느리게 걷는 게 좋다는 얘기가 이제서야 실감이 났습니다. 실제로 러닝머신 탈 때 빠르게 걷기보다 느리게 걷는 게 더 어려웠습니다. 그러다 보니 자꾸 빠르게 걸으려고 했었습니다. 이제는 자세를 신경 쓴 상태로 속도를 점차 높이려고 합니다.

  불혹을 넘기고 걸음걸이를 배울 줄은 몰랐습니다. 배우지 않고도 자연스럽게 할 수 있는 일을 어렵게 하고 있습니다. 하지만 오늘 깨달은 후 걸음걸이에 뭔가 리듬이 생기는 것 같아서 감사합니다. 이제 무릎이 앞으로 나가도록 더 정진할 것입니다. 그래야 발이 밖으로 새지 않고 걸음이 예뻐집니다. 뛰는 날은 또 얼마나 기쁠까요? 그때를 기대합니다.

관심 가져 주시고 기도와 함께 응원해 주셔서 감사합니다.

※ 평상시에도 이렇게 걸을 거라고 생각하시면 오해입니다. 경직이 생기면 바로 자세가 엉망이 되네요. 하지만 방법을 알았으니 부지런히 연습하겠습니다.

※ 4월 30일에는 이렇게 걸었는데 많이 좋아졌습니다.

드디어 뛴다!

 22일 저녁치료 끝나고 8시쯤 1층에서 개인 운동을 할 때였습니다. '15일에 걷는 것도 깨달았고 20일에 계단 오르내리기도 알았으니 이제 다음 단계는 뛰기인가?' 이런 생각을 하면서 뛰기를 한번 시도해 봤습니다. 경직이 일어났지만 경직을 무시하고 억지로 뛰었습니다.

 처음에는 아직도 안 되나 보구나 생각했는데 계속 했더니 뛰기 자세가 어느 정도 만들어졌습니다. 영화 '포레스트 검프'에서 어린 포레스트가 뛰는 장면이 생각났습니다. 다리에 찬 보조기가 부서지면서 웅장한 음악과 함께 환희에 찬 포레스트를 느낄 수 있었습니다.

 울컥하면서 감정이 북받쳐 올랐습니다. 하나님 감사합니다를 속으로 외치며 계속 뛰었습니다. 다리가 나으면 숨이 차도록, 심장이 터지도록 뛰고 싶었는데 9개월 만에 어설프게라도 뛰어졌습니다.

9월에도 뛰기를 해 봤는데 지금 생각하니 그건 차마 뛰기라고 말할 수 없을 정도로 민망합니다. 일단 제대로 걷기가 먼저라서 뛰기는 이후 두세 번 하다 말았습니다.

하지만 제가 생각하기에도 이번에는 뛰기라고 말할 수 있을 정도였습니다. 5층 병실로 올라와 보호사님께 영상을 부탁했습니다. 복도에서 약간 뛰었는데(20초) 간호사님께 한소리 들었습니다. "이경철님, 뛰지 마세요." 오히려 기분이 좋았습니다. 제가 이 병원에서 뛰지 말라는 말을 처음 들었습니다. 뛸 수 있다는 게 실감이 났습니다. 남들 눈에도 뛰는 걸로 보이다니!

영상이 맘에 들지 않아서 다시 1층으로 내려왔습니다. 찍어줄 사람을 물색하다가 없어서 스마트폰을 안전바에 놓고 스스로 찍었습니다. 계속 뛰어서 경직이 어느 정도 사라진 후에 가장 상태가 좋을 때 찍었습니다.

팔과 손에도 이런 극적인 변화가 찾아오면 좋겠습니다. 제게 찾아오는 변화를 감사함으로 반가이 맞고 싶습니다.

14년만의 재회

2011년 1월 27일 기독교사세움터 교육부흥회에서 선생님을 처음 만났습니다. 이후 가끔 카톡을 주고 받았는데 이번이 두 번째 만남입니다. 거의 14년 만에 만났습니다.

세월이 흘렀지만 3시간도 짧을 정도로 서먹서먹하지 않고 시간 가는 줄 몰랐습니다.

기독교대안학교 이야기를 실컷 했습니다. 사임을 하고 실업 급여를 받는데 월급이나 실업 급여나 별 차이가 없다는 얘기에 서로 빵 터졌습니다. 제가 10년 동안 근무했던 첫 번째 기독교대안학교에서 최저임금이 시행됐을 때 이건 우리를 위한 제도다 하면서 동료 선생님들과 기뻐했던 기억이 있습니다.

그동안 어떻게 살았는지, 현재 어떻게 지내고 있는지, 앞으로 어떻게 살 계획인지 나눴습니다.

헤어지려고 하는데 제가 "선생님 포옹 한번 하시죠." 하면서 서로 안았습니다. 선생님의 새 길 개척을, 하나님의 인도하심을 응원하고 싶었습니다. 순간 저를 아끼는 선생님의 마음이 느껴졌습니다. 일부러 시간을 내어 여기까지 와 주신 선생님 고맙습니다.

그리고 다 기록하지는 못했지만 여기까지 와 주신 모든 분들께 이 자리를 빌려 감사 인사드립니다.

10개월 만

 잠자기 전 침대에서 할 수 있는 운동을 합니다. 누워서 팔 들기, 손목 운동, 아령, 팔굽혀펴기, 깍지 끼고 팔 올리기 등등.

 금요일에 자기 전 왼쪽으로 돌아누울 때였습니다. 뒤로 간 오른팔을 왼팔로 끌어다가 놓았는데 통증이 거의 느껴지지 않았습니다. 어깨 근육이 조금은 더 좋아졌구나 생각했습니다. 뒤척이다 엎드려서 바로 누우려고 오른 팔꿈치를 뒤로 드는데 평소보다 가볍게 느꼈습니다. '어? 느낌이 좋은데?'

 토요일 아침 일어난 후 오늘은 팔이 가볍게 느껴진다고 같은 병실 환자분께 아침 인사를 나눴습니다. 시험해 보려고 티바(T자 막대기)를 이용해 운동을 했습니다. 전보다 통증도 적고 가동 범위도 늘어난 걸 확인할 수 있었습니다.

토요일 저녁 자기 전 몸이 찌뿌둥해서 침대에서 깍지 끼고 팔 올리기를 했습니다. 요 근래 팔이 예전보다는 더 펴진 것 같았습니다. 같은 자세로 엎드려서 펴기도 하고 돌아누운 상태에서 펴기도 했습니다. 순간 다리에서 느꼈던 유레카를 또 느꼈습니다. '어? 이건 서 있을 때로 치면 만세 자세랑 똑같은 거 아니야? 왼팔이 고정되니까 오른팔 뻗기가 더 싶군. 귀가 팔에 닿으니 좋네. 옆구리에서 겨드랑이, 어깨까지 **쫙쫙** 펴지는 같군. 앞으로는 이걸 잘 때마다 해야겠다.'

팔도 가벼운 느낌이 들었고 자기 전 됐으니까 어떤 영향이 있을까 해서 주일 아침 팔을 올려 봤습니다. 그런데 팔이 올라가더니 얼굴이 살짝 만져졌습니다. 다시 해 보고 또 다시 해 보았습니다. 제 의지로 오른손을 들어 얼굴을 만진 게 10개월 만입니다. 순간 감격의 눈물이……

들뜬 마음에 보여주고 싶었습니다. 그래서 영상을 찍었습니다. 마침 간호사님이 들어오셔서 선생님 저 손이 올라가요 하면서 시도했는데 안 되는 겁니다. 직접 보여주려고 하면 웃기게도 안 됩니다. 이럴 때는 "예열이 아직 안 됐어요, 시동이 아직 안 걸렸어요." 하면서 영상으로 대체합니다. 언제든 어느 곳에서든 무의식적으로도 될 수 있도록 하는 게 저의 과제입니다.

생각해 보면 남들에게는 참 쉬운 일인데 저한테는 너무 어려운 일입니다. 제가 아무리 하고 싶다고 해도 마음대로 안 되는 일이기도 합니다. 그래서 더욱 감사하고 기도의 힘임을 고백하지 않을 수 없습니다. 감사합니다.

점검

〈팔과 어깨〉

오른쪽 팔이 아탈구 상태로 몇 달을 있었고 지금도 손가락 한 마디 정도 어깨랑 사이가 벌어졌습니다. 움직이면 메워지지만 가만히 두면 아래로 누르는 힘(중력) 때문에 계속 사이가 벌어집니다. 사이가 벌어지면 몸 안쪽으로 팔이 돌아가고 힘을 줄 수가 없습니다. 앞으로나란히 사세를 하기도 힘들 뿐디리 및 초 못 버텁니다. 만세 자세는 아예 안 돼 팔을 올릴 수가 없습니다. 어깨에 힘이 생기면 해결될 거라 생각합니다. 하지만 지금까지도 아직 들어올릴 수가 없어 시간이 꽤 걸릴 거라 예상합니다.

〈손〉

쥐어지기는 하는데 펴지지가 않습니다. 쥐는 힘도 아주 약합니다. 악력을 재 봤는데 왼손의 7분의 1 수준입니다. 오른손잡인데 이제는 왼손이 더 익숙합니다. 하지만 세밀한 작업이 안 돼서 오른손이 빨리 나으면 좋겠습니다. 낫는다고 하더라도 손발톱 깎기, 귀지 파기 등이 될지 모르겠습니다.

손가락이 퍼지지 않는 여러 가지 원인이 있겠지만 관련되는 근육(팔뚝 안쪽)이 짧아졌기 때문에 그렇다고 했습니다. 팔뚝 안쪽의 짧은 근육이 펴려고 하는 힘(팔뚝 바깥)보다 세서 방해를 한답니다. 진짜 저는 펴려고 하는 신호를 주는데 오히려 당겨집니다. 그리고 손목 움직임이 나와야 손가락 움직이기가 편할 텐데 일단 손목부터 문제입니다. 손목은 아무리 힘을 줘도 종이컵의 수평을 못 맞출 정도로 안 움직입니다. 종이컵을 쥐고 나서 움직이라고 하면 변화가 없습니다. 하지만 강직은 많이 줄었습니다. 일단 퍼지기만 하면 속도가 붙을 것 같은데 언제 펴질지는 아무도 모릅니다.

〈얼굴〉

눈 한 쪽이 티가 날 정도로 작아졌습니다. 커지게 하는 방법이 있으면 좋겠습니다.

감정 변화가 있을 때 특히 약간 웃을 때 얼굴 근육이 원위치로 돌아오는 속도가 느립니다. 역시 티가 날 정도입니다.

마비로 인해 윗잇몸의 움직임이 더디고 오른쪽 감각이 둔합니다. 혀나 입술을 깨물 때도 있고 안쪽 볼살을 씹을 때도 있습니다.

여름에 수박을 먹을 때였습니다. 분명히 씨를 먹었는데 사라져서 그냥 삼켰나 보다 생각했는데 윗잇몸에 껴있었습니다. 양치할 때에야 찾아냈습니다.

최근에 이런 일도 있었습니다. 한 주 전 아내가 삼겹살을 구워 왔는데 먹는 도중 느낌이 이상했습니다. 다 먹고 났더니 아팠습니다. 잇몸이 부어있는 겁니다. 아파도 감각이 둔해서 늦게 알아차렸습니다. 더 자세히 확인했더니 잇몸이 너덜너덜거렸습니다. 이틀 후 갑자기 아팠던 잇몸에서 덜렁거리는 한 조각이 빠졌습니다. 그럼 너덜너덜했던 것의 정체가 파김치? 웃기면서도 안심이 됐습니다. 평소에는 오른쪽은 혀, 입술, 볼살을 깨물까 봐, 잇몸이 쉽게 부어 별로 안 씹습니다. 그러다 보니 왼쪽으로만 씹어서 상처가 생겨 구내염으로 고생했습니다. 못 참겠어서 치과에 진료받고 온 다음 날 오른쪽에 문제가 생겼습니다.

사례가 많이 들립니다. 역시 편마비 근육 때문에 그렇습니다.

〈언어〉

쉰 목소리가 나고 책 읽을 때 자주 틀립니다. 대화할 때도 마찬가지입니다. 상대방이 이해는 하는데 답답함을 느낄 것 같습니다. 피곤하거나 춥거나 긴장하거나 하면 더 말이 안 나옵니다. 말이 안 나올 때면 거꾸로 피곤하거나 춥거나 긴장하고 있는 건 아닌지 저를 살핍니다.

〈다리〉

오른발 한쪽만으로는 까치발이 안 됩니다. 이 힘이 길러져야 걷는 것, 계단 오르내리기, 뛰기 등이 더 좋아질 것 같습니다.

〈엉덩이〉

엉덩이는 여전히 한쪽이 푹 꺼졌습니다. 딱딱한 곳에 앉으면 아픕니다. 계속 걸으면 살도 생기고 근육이 생겨 탱탱해질지도 모르겠습니다.

평소에는 모르고 살았는데 두 개 있던 것이 하나만 쓸 수 있다 보니 나머지 하나가 얼마나 필요한지 절실하게 느낍니다. 하지만 내게 없는 것보다 있는 것에 감사하자, 나보다 더 힘든 사람을 생각하자며 마음을 다잡아 봅니다.

평행봉

 뒤로 팔굽혀펴기를 하는 중이었습니다. 뒤로 팔굽혀펴기는 왼팔에 힘을 주고 왼발을 쭉 뻗고 오른발은 굽히고 오른팔은 걸치기만 한다는 마음으로 합니다. 오른팔에 힘이 없어서 손이 고정이 안 되고 팍 주저앉을 때가 많습니다. 계속해서 오른팔에 힘이 더 생기게 할 작정입니다.

 운동하다가 갑자기 평행봉을 하고 싶다는 생각이 들었습니다. 비록 왼팔에 힘을 주로 주고 오른팔은 보조이긴 하지만 이 정도면 평행봉도 되지 않을까 싶었습니다. 몇 번 시도했더니 되는 겁니다. 되니까 또 감격의 눈물이……

 영상을 찍고 나서 확인을 해 봤습니다. 갑자기 제가 너무 불쌍하게 느껴져서 오열을 했습니다. 남들은 쉽게 되는 거 이게 뭐라고 좋아하고…… 매달리기 위해서 애쓰고 발악을 하고 있는 제 모습이 보였습니다. 그러면서 부모님 생각이 났습니다. 제가 봐도 불쌍하게 보이는데 부모님은 얼마나 마음이 아프실까……

 다시 멘탈(정신)을 부여잡고 이 운동으로 인해서 어깨가 좋아질 것을 기대했습니다. 뒤로 팔굽혀펴기도 병행하면 속도가 붙을 것 같습니다. 아직 멀었지만 다음에는 능숙하게 평행봉에 매달린 모습을 보여드리고 싶습니다.

동지를 만난 것처럼

재입원 초기에 주일에 병원에서도 예배를 드릴 수 있다는 소식을 듣고 1층으로 갔습니다. 하지만 온라인 예배라서 당황했습니다. 또 사람에게 보이기 위한 행사만 계속 나오길래 15분 정도 있다가 그냥 나온 적이 있습니다.

오늘은 주일. 아침부터 밤까지 운동을 신컷 하려고 1층에 내려왔습니다. 조금 이따 예배가 끝나고 사람들이 우르르 쏟아져 나왔습니다. 그중 병실로 가지 않고 이야기꽃을 피우는 사람들이 몇 있었습니다. 서로 어떤 증상이 생겼는지, 병명이 뭔지 등을 물어보았습니다. 그런데 저랑 같은 병으로 고생하고 있는 분을 만났습니다. 여기는 뇌경색이나 뇌출혈 환자들이 대부분인데 뇌종양 4기 교모세포종은 저도 처음입니다. 동지를 만난 것처럼 기뻤습니다. 저와 같은 병을 앓고 있는 사람에게 궁금한 게 많았습니다.

안타깝게도 그분은 휠체어에 누워 있었습니다. 나이는 60대 정도로 보였고 고개가 젖혀 있어서 한눈에 봐도 기력이 없어 보였습니다. 후두 쪽에 종양이 3개 생겼는데 다는 제거를 못 하고 95%만 제거를 했다고 합니다. 이후 항암과 방사선 치료를 했는데 방사선 치료 한 번만에 너무 힘들어서 그만뒀다고 했습니다. 편마비는 없었습니다. 다만 기력이 없어서 영양 주사를 맞았더니 조금 말이 나왔다고 합니다.

어느 병원에서 수술을 했느냐, 수술한 교수님은 누구냐 물어보셨는데 저와 병원도 같고 수술하신 분도 같아서 깜짝 놀랐습니다. 저도 지금까지의 과정을 말씀드렸더니 고생 많이 했다면서 제 손을 꼬옥 잡아 주셨습니다. 환자 분은 말은 못 하고 제 얘기에 눈물만 흘리셨습니다. 앞으로 진행될 과정을 얘기해 드렸고 아직 암이 남아 있으니 기력 회복 되시면 방사선 치료 꼭 하시라고 말씀드렸습니다. 환자 분이 말을 못 해서 보호자 님과 얘기를 했습니다.

환자 분은 먼저 병실로 떠나셨고 저는 가슴이 먹먹해져서 마음을 조금 다잡은 후에 다시 운동하러 갔습니다.

힘 빼세요

12월 9일 저녁치료 때였습니다. 팔을 앞으로 올리는 연습을 하고 있었습니다. 선생님이 제가 하는 모습을 보시더니 이전에도 자주 했던 말씀을 해 주셨습니다.

"이경철님, 힘이 없어서가 아니라 어깨가 안쪽으로 말려 있기 때문에 공간이 없어서 못 올리는 겁니다…… (웃으면서) 숨 쉬고 하세요. 힘 빼세요. 우리가 팔을 올릴 때 그렇게 많은 힘이 필요한 건 아니잖아요."

저는 팔 올릴 때 엄청 힘주고 올렸었습니다. 힘줄 때는 자연적으로 숨을 참게 됐었습니다.

순간 선생님의 또 다른 말씀이 생각났습니다.

"어깨를 그대로 두면 자꾸 안쪽으로 말리기 때문에 팔을 바깥으로 자꾸 보내 주세요."

 문득 이걸 연결하면 되지 않을까 생각했습니다. 먼저 팔을 바깥으로 여러 번 보낸 후 힘을 빼고 올리는 겁니다. 이렇게 했더니 이전보다 더 쉽고 높이도 더 올라갔습니다. 둘을 따로 생각만 했지 연결할 생각은 못 했습니다. 어깨와 팔 사이의 공간을 넓혀 주는 게 일종의 시동, 예열입니다. 드디어 원리를 알았습니다.

 팔을 옆으로 드는 건 더 힘듭니다. 연습을 하다가 앞으로 드는 것과 같은 원리이지 않을까 하는 생각이 들었습니다.

 이건 12월 16일에 깨달았습니다. 일단 힘을 빼고 팔을 쭉 편 후 올리면 됩니다. 제 생각과 다르게 힘을 빼는 게 포인트입니다. 힘을 뺀 상태에서 힘을 줘서 올려야 되는데 애초부터 팔에 힘을 꽉 줘서 올리려고 하니까 안 올려지는 거였습니다. 하지만 올리다 보면 팔이 계속 앞으로 가려는 성질 때문에 팔을 올릴수록 팔꿈치가 굽어집니다. 중간에 굽어진 팔을 의식하면서 펴는 게 꽤 힘듭니다.

 재활하면서 느끼는 거지만 사람 몸이 참 신기합니다

퇴원 그리고 새로운 시작 1

 아들의 졸업식이 지난주 목요일(01.09)이었습니다. 병원에서 외출을 써서 나오려고 했는데 안 된다는 겁니다. 그래서 "저는 꼭 가야 됩니다." 하고 단호하게 말씀드렸습니다. 치과 외래 진료 보고 결국 가는 것으로 얘기가 됐습니다.

 한 번뿐인 초등 졸업식, 아들에게 아버지의 부재를 느끼게 하고 싶지 않았습니다. 또 훗날 제가 죽었을 때 그래도 아빠는 자리를 지켰다는 생각이 들게 하고 싶었습니다. 이 병에 걸리고 나서 죽을 수도 있다는 생각을 많이 합니다. 그래서 졸업식에 꼭 가고 싶었습니다.

 하지만 졸업식 당일 아침부터 아내가 울었습니다. 아들이 학교 안 가겠다, 엄마는 오지 마라라는 말을 들었다면서…… 저의 부재를 느꼈습니다. 아내가 아들이랑 자꾸 부딪치고 우는 횟수가 많아졌습니다. 이때부터 퇴원을 고민하게 됐습니다. 퇴원하면 아내가 덜 힘들어 할 것 같앉습니다. 하긴 아버지 노릇을 못하고 가정을 비운 지 거의 11개월이나 됐으니 가족 모두 힘들어 했을 것입니다.

치과 진료 본 후 졸업식에 갔습니다. 끝나고 사진만 찍고서 놀러가 버리는 아들을 보면서 철이 없어서 그렇다고 아내랑 얘기를 했습니다.

처음에는 아들이 내 재활을 막는구나, 8월쯤에나 퇴원하려고 했는데 뜻대로 안 되는구나 생각했습니다. 재활도 좋지만 재활보다 가정이 우선이다고 생각해 급하게 결정하고 월요일에 바로 퇴원했습니다.

퇴원 그리고 새로운 시작 2

(퇴원 그리고 새로운 시작 1에 이어서)

 그렇다고 재활에 손을 놓아버린 건 아닙니다. 이왕 퇴원할 거 집에서 어떻게 재활을 할지 방법을 모색해 봤습니다. 그동안 해 왔던 운동을 떠올렸습니다.

 다리는 계단을 오르면 되겠구나 생각했습니다. 병원에서는 물리치료사 선생님이 동반해야만 계단을 이용할 수 있습니다. 집에 가면 아파트 계단을 마음껏 오를 수 있으니 오히려 더 좋겠다는 생각이 들었습니다.

 팔은 주민이 무료로 이용할 수 있는 헬스장이 생각났습니다. 퇴원 하루 전 외박 나왔을 때 어떤 운동 기구가 있는지, 나에게 맞는 운동 기구는 뭔지 미리 점검을 했습니다. 이외 러닝머신도 있고 자전거도 있고 발 근육 키우는 것도 있어 든든합니다. 헬스장 기구를 이용하면 근육에

저항이 생기기 때문에 오히려 힘 기르기에 더 좋을 것 같습니다.

 문제는 손목이랑 손가락입니다. 어깨는 혼자서 할 수 있는데 손목이랑 손가락은 어렵습니다. 재활 관련 유튜브 영상을 찾아보고 한편으로는 재활센터를 정기적으로 다녀서 안 되는 부분을 피드백 받을 생각입니다.

 퇴원했을 때의 이점도 생각해 봤습니다. 가족과 함께 있을 수 있고 수요예배, 금요예배, 주일예배에 참석할 수 있습니다. 일상으로 돌아가는 게 재활의 목적이라면 더 빨리 적응할 수 있는 환경에 놓이게 됐습니다. 또 자유로움이 있습니다.

 병원은 매일 같은 환경으로 단조롭고 개인 운동 시간이 짧습니다. 9시면 자야 돼서 더 하고 싶어도 못 합니다. 잠도 잘 안 와서 이리저리 뒤척이고 12시가 넘어서야 잠이 들 때도 많습니다. 공동생활로 다른 환자 때문에 중간에 깰 때도 많아서 푹 자 본 적이 별로 없습니다. 식사 시간은 7시, 12시, 5시로 하기 싫은 숙제를 억지로 하듯 밥을 먹는 기분입니다. 아내가 만든 밥을 먹을 수 있다는 것도 퇴원의 장점입니다. 그리고 햇빛을 못 보니 광합성을 못 하는 식물처럼 서서히 죽어가는 것 같은 느낌입니다. 면역력이 약해졌습니다.

 최근에 매너리즘에 빠진 것도 한몫합니다. 생각한 것만큼 변화가 더디다고 느껴졌고 우울감이 생겼습니다. 과거를 생각하면 팬시리 눈물이 나왔습니다. 이게 트라우마인가를 의심했습니다. 변화가 필요했습니다. 또한 이 병은 세월이 약인지라 단기간에 나을 수 있는 병도 아닙니다. 8월까지 병원에 있는다고 해서 좋아지면 얼마나 좋아질까 생각할 때 자꾸만 퇴원 쪽으로 마음이 기울었습니다.

이렇게 목요일부터 주일까지 오만 가지 생각이 들었습니다. 아내는 기도해 보고 결정하자 했지만 이미 퇴원 생각이 드니 퇴원하려고 합당한 이유를 만드는 사람처럼 제가 변했습니다.

급하게 결정하고 퇴원했지만 오히려 잘 된 일 같습니다. 그래서 아들에게 고맙습니다. 아들은 멋있는 아이입니다. 신앙 안에서 더 멋지게 크도록 저와 아내와 딸이 함께 노력할 것입니다.

경철 샘의 눈물!

 성경 중에 가장 짧은 요한복음 11장 35절에 예수님께서 눈물을 흘리셨습니다.

 두 단어 Jesus wept입니다. "예수께서 그(마리아)가 우는 것과 또 함께 온 유대인들이 우는 것을 보시고 심령에 비통히 여기시고 불쌍히 여기사 이르시되 그(나사로)를 어디 두었느냐 이르되 주여 와서 보시옵소서 하니 예수께서 눈물을 흘리시더라. (Jesus wept)."

 100% 하나님이시지만, 100% 인간이셨던 예수님께서는 이 땅에 사실 때 우리처럼 눈물을 흘리셨습니다. 예수님께서 눈물을 흘리시고 우셨다는 표현은 우리에게 많은 위안을 줍니다. 우리처럼 기쁨과 슬픔을 느끼시고, 우리처럼 눈물을 흘리시고, 우리와 똑같이 이 땅 흙 위를 걸으시고, 우리와 함께 삶을 호흡하시던 분이라는 사실입니다.

1년 전 CTS에 사모님과 함께 출연하셨던 프로그램에서 사랑하는 경철 샘의 눈물을 보았습니다. 흐느끼는 눈물이 아니라 속울음처럼 내면 깊숙이 흘러내리는 눈물을 보며, 예수님이 생각났습니다. 내면 깊숙이 얼마나 힘들었을까. 얼마나 하고 싶은 말이 많았을까. 그 하고 싶은 말 대신 '눈물'로 내 앞에 보여졌습니다. 두 아이의 아빠로서 한 아내의 남편으로서 기독대안학교에서 박봉에 시달리면서도 감춰져 있었던 내면의 고통은 그렇게 시한부 인생이란 판정을 받게 되면서 그 고통은 극에 달하게 되었습니다.

 그 아픔과 상처들이 아름다운 진주가 되어 한 줌의 '글'로 묶어 나오게 되었다는 소식에 너무 기뻐 축하 글을 보내게 되었습니다. 경철 샘의 영롱한 진주같은 글들이 모든 이들에게 위안과 위로와 소망이 되기를, 함께 울어줄 수 있는 '눈물'이 되기를 기대해 봅니다. 감사합니다.

2025.3.24.
시흥소명학교장 신병준 드림.

에필로그

말도 글도 제대로 표현이 안 되는 시기에 책을 내게 되었습니다.
그러나 이 모든 것이 하나님의 은혜임을 고백합니다.
말과 글이 안 돼도 편마비로 오른쪽을 쓸 수 없음에도
하나님은 하나님의 방법으로 살아가게 하십니다.
"요즘은 어찌 지내세요?" 물으시면 말이 잘 안 되니 그저 웃습니다.
그리고 당신 삶의 이야기들을 듣습니다.
그 이야기가 어떤 이야기든 제게는 너무나 소중한 삶의 운율입니다.
하나님께서는 제 삶의 조각들을 모아 이 책에 담아
푸른 초장으로 인도해 주셨습니다.
감사합니다.

또한 하나님께서는 여러 목사님들, 선생님들, 친구들, 제자들, 신앙의 선배님들, 학부모님들, 가족들, 이름도 얼굴도 모르는 후원자분들께 이 책을 통해 감사를 전할 수 있는 기회를 주셨습니다.
머리 숙여 진심으로 감사드립니다.

주님과 함께 여러분들이 이 책의 주인공들이고
제게는 선물입니다.

부개산 정상에서 바람을 맞으며 서 있을 때
밀려드는 감사는 감각이 무뎌지고 힘이 빠져 저는 오른다리를
다시금 힘내어 계단 위를 내딛게 하는 힘이 됩니다.

환한 미소와 건강한 모습으로 만날 날을 기대합니다.
중보기도로 저와 저희 가족이 살아갈 힘이 되어 주셔서 감사합니다.
아낌없이 사랑하고 존경하는 중보기도자와 가족들에게
이 책을 드립니다.

"진리가 너희를 자유케 하리라(요한복음8:32절)"
이 말씀 붙들고 이경철 하나님 부르시는 그날까지
감사로 살아가겠습니다.

끝으로 이 책이 나오기까지 바쁘신 중에도 큰 도움을 주신
다돌 최미숙 대표님과 김대철 선생님께
깊은 감사를 드립니다.

삶을 가꾸는 기독교대안교육 이야기

초판 1쇄 인쇄 2025년 7월 15일
초판 1쇄 발행 2025년 7월 15일

글쓴이 | 이경철

편집•디자인 | 김대철
펴낸곳 | 다돌출판사
펴낸이 | 최미숙
이메일 : dadolwriting@gmail.com

ISBN 979-11-983727-5-8(03370)

*이 책은 저작권법에 의해 보호받고 있으므로 무단 복제 및 전재를 할 수 없으며, 이 책의 전부 또는 일부 내용을 사용하려면 저작권자의 사전 동의를 받아야 합니다.